사람과 행정

유신열 지음

사람과 행정

이담북스

둘레길은 누구나 같이 걸을 수 있는 길, 되돌아서 다시 만나는 길, 정상으로 향하는 모든 길을 횡단하는 소통과 상생의 길입니다. 반면 등산로는 주로 정상을 향해 있고, 우리는 그 길을 따라서 경쟁적으로 정상에 오릅니다. 둘레길 덕분에 우리는 이 수직의 세계에서 수평적 사고로 지평을 넓힐 수 있게 되었고, 이제는 등산뿐만 아니라 삶의 패러다임이 바뀌어 가고 있습니다. 한국대학신문은 대학 사회에 그러한 둘레길을 만들어 왔습니다. 혹자는 대학을 미디어라고 정의하기도 합니다. 그러한 관점에서 본다면, 한국대학신문은 미디어라는 본연의 정체성을 바탕으로 대학들을 하나의 대학 생태계로 만들어 가고 있는지 모릅니다. 이러한 역할은 각자도생하면서 치열한 생존경쟁을 하는 기존의 대학들이 소통과 상생의 길로 나아갈 수 있도록 하는 데 매우 긍정적인 영향을 주고 있습니다. 이 책에 실린 40편의 본문 글도 모두 한국대학신문을 통해 세상에 나오게 된 소통의 결과물입니다. 그리고 매번 신문에 글을 실을 때마다 기자 및 편집자의 세심한 배려와 도움을 받아 왔습니다. 무엇보다도 최용섭 발행인의 변함없는 지지와 격려는 든든한 힘이 되었습니다. 이 책이 대학의 둘레길을 만드는 데 조금이나마 도움이 되었으면 합니다.

아울러 사람과 행정에 관한 이야기를 이렇게 한 권의 책으로 담을 수 있게 된 것은 모두 대학 교직원 동료들 덕분입니다. 동료들은 새로운 생각에도 항상 열린 마음으로 믿어주는 든든한 후원자입니다. 그 동료들을 통해 행정의 가능성을 확신하고 실천적 힘을 얻을 수 있었습니다. 특히 매주 월요일 저녁에 멀리 학교까지 찾아와 함께해주고, 또 온라인으로 참여해 대학 행정의 장을 지켜 준 분들께 깊은 감사를 드립니다. 덕분에 이 강좌는 2015년부터 지금까지 15학기째 이어져 왔고, 앞으로 더욱 다양한 소통의 길이 열릴 것이라고 확신합니다.

책을 만드는 과정에서 가족이 함께해줘서 더 의미가 있었고 삶의 에너지를 얻을 수 있었습니다. 글로 표현할 수 없는 부족함은 처조카 최보윤이 훌륭하게 그림으로 표현해 주었고, 책에 들어갈 그림과 글 하나하나에 가족들이 함께 공감해주었습니다. 특히 딸들은 아빠의 길을 항상 응원하고, 아내는 언제나 우리 가족들을 이어주는 중심입니다. 이 책이 가족이 함께 살아가는 이야기 중의 한 부분이 되었으면 합니다.

행정과 일상의 삶, 직장과 가족의 시간은 뫼비우스의 띠처럼 연결되어 있다고 생각합니다. 책을 만드는 과정에서 한국대학신문, 대학, 동료, 가족, 그리고 대학 행정의 가능성을 믿는 사람에게서 얻은 에너지는 이 뫼비우스 띠를 따라 더 큰 에너지가 되어 선순환될 것입니다.

2022년 5월
유신열

　유신열 작가가 한국대학신문에 연재한 주옥같은 칼럼을 『사람과 행정』이라는 한 권의 책으로 엮어 세상에 내놓았다. 대학 행정과 관련된 일반서적은 더러 있지만, 대학 행정 전문인이 직접 현장에서 겪고 느낀 바를 진솔하게 풀어낸 책은 드물다. 모처럼 대학 행정을 본질적으로 고찰할 수 있는 좋은 책이 나왔다. 저자는 30여 년간 대학 행정인으로 생활하면서 경험과 성찰을 통해 대학 행정이 나아갈 바를 제시해 왔다. 그가 일관되게 지향하는 대학 행정은 '사람 냄새 나는 행정'이다. 몰가치적이고 규범적인 행정도 결국 사람 중심으로 돌아갈 때만 진정한 의미를 가질 수 있다는 것이다. 저자의 이런 생각을 보여주는 귀한 칼럼 한편을 소개하고자 한다.

　2019년 3월 4일 자 본지 대학통에 실린 칼럼이다. 제목은 "지금까지 이런 팀은 없었다"이다. 제목 자체가 눈길을 끌 만했다. 동고동락했던 연구기획본부장이 보직을 그만두고 교수로 돌아가는데 4년간의 활동을 같이 한 팀원들이 회고하고 기념하는 이벤트를 만들었다는 내용이다. 일명 'YC 프로젝트'다. 여기까지는 그럴 수도 있겠다는 생각이었다. 떠나는 보직교수와 정이 들어 아쉬움을 달래기 위해 그동안의 활동을 주제별로 정리해 기념앨범을 만드는 것으로 단순하게 이해했다. 단, 얼마나 훌륭한 분이기에 대학 총장도 아닌 분을 이렇게 요란을 떨며 보내는가 하고 의아한 생각을 하는 정도였다. 그러나 그 자체도 너무 아름답다고 생각했다. 그런데 다음에 이어진 일은 나를 더욱 놀라게 했다. 팀원들이 함께한 4년의 시간을 예사로이 생각지 않고 있음을 발견한 것이다. 그들은 떠나는 보직자를 기념하는 작업을 하면서 그들 스스로 이 기간에 어떤 생각을 가지고 역할을 수행했는가에 대한 성찰의 시간을 갖기 시작했다. '우리 팀의 철학은 무엇이었고 어떤 점이 달랐을까?'라는 자기 성찰적 대화를 하는 그들의 모습이 그려진다. 그들은 전체 조직 속에서 팀과 개인의 역할을 객관적으로 통찰해 보는 시간을 가졌다. 그 과정에서 팀원 모두가 서로 공통된 감정을 확인했는데, 일을 통해 한판의 '신명 나는 놀이'를 했던 게 아닌가 하는 느낌이라고 했다. 참 고귀한 감정이다. 필자는 이 광경을 그려 보면서 대학 행정의 새로운 가능성을 엿보게 되었다.

유신열 작가는 바로 그 한복판에 있었던 사람이다. '일의 놀이터, 4년의 기록'으로 명명된 그들의 작업은 일을 '한판의 신명나는 놀이'로 승화시켰다. '지금까지 이런 팀은 없었다. 이들은 일꾼인가 놀일꾼인가'라는 문구로 시작한 인트로에서 일하면서 울고 웃고 부대끼는 사람의 냄새를 맡을 수 있었다. 저자는 '사람과 행정'을 통해 딱딱한 행정이 사람의 체취가 스며들고 땀과 정성이 깃든 고귀한 결정체임을 우리에게 가르치고 있다. 삭막한 행정이라는 공간에 한줄기 서광이 비치는 듯하다. 차갑기만 한 대학 행정을 어느새 인간의 숨길이 오가는 사람 냄새나는 고귀한 일로 승화시킨 것이다. 저자는 이미 4년 전 자신이 지향하는 사람 냄새나는 행정의 원형을 보여 주었던 것이다.

『사람과 행정』은 대학 행정인만을 위해 저술된 책이 아니다. 오히려 이 땅에서 행정 직무를 수행하는 모든 이들에게도 훌륭한 행동 지침서로 활용될 수 있을 것이다. 결국은 "사람의, 사람에 의한, 사람을 위한" 행정 그것이 그가 꿈꾸고 희망하는 행정의 원형이 아닐까? 아무튼 사람 중심의 인본주의적 가치가 차갑기만 한 행정에 녹아드는 데 유신열 작가의 『사람과 행정』이 크게 이바지하길 바란다.

2022년 5월
한국대학신문 주필 겸 편집인 최용섭

1.

　대학은 지금까지 어느 시대에서나 국가와 사회에서 항상 중요한 역할을 해왔고, 앞으로도 그 역할은 변함없을 것이다. 다만 대학이 우리가 알고 있는 전통적인 형식 그대로 존재하지는 않을 것이고, 시대적 환경 변화에 따라 대학도 함께 변모해갈 것이다. 그렇다고 대학이 미래 모습을 스스로 만들어 갈 것 같지는 않다. 지식은 이제 특정인만의 것이 아니라 누구나 원하면 찾아보고 취득할 수 있는 것으로 바뀌어 가고 있다. 매일 눈부시게 혁신하는 에듀테크 덕분에 전통적인 강독 방식의 수업은 저물어 갈 것이다. 대학에 진입하는 대상은 고등학교를 갓 졸업한 학생 위주에서 다양한 연령층, 그리고 재교육 위주로 확대되어 가고 있다. 사회의 지식 변화 속도는 점점 더 가속화되고 대학의 교육도 이에 맞춰 발 빠르게 대응해가고, 다수를 위한 집단교육에서 개인별 맞춤형 교육으로 세분화해 가고 있다. 캠퍼스와 기업, 그리고 사회와의 경계는 더 모호해져 가고 있다. 미래 교육의 대세는 거스를 수 없고, 여기에 적응하지 못하는 대학은 자연스럽게 도태되어 갈 것이다.

　그렇다면 대학 행정은 미래 교육을 따라서 잘 적응해 갈 것인가?

아마도 그렇지 않을 것이다. 행정은 대학을 담는 그릇이다. 그릇에 담긴 음식은 입맛과 시대에 따라 민감하게 반응하면서 변화를 하지만 그릇은 교체하지 않는 한 그 모양이 그대로 유지된다. 행정이라는 그릇도 변화에 민감하지 못하다. 대학이 선택한 위계적 관료조직 행정체계는 미래 교육의 흐름과 무관하게 지금까지 굳건하게 유지되고 있다. 고립된 캠퍼스를 기반으로 하는 정적인 관리에 적합한 행정체계를 미래 교육 운영체계로 그대로 가져가는 것은 바람직하지 않다. 미래 교육은 수평적이고 열린 행정, 폐쇄된 전문성보다는 연결지능을 갖춘 행정이 필요하다. 기존의 지번 중심의 주소체계로는 한계에 이르러 도로명 주소로 변경한 것처럼, 연결된 길 중심의 동적인 행정체계로 전환되어야 한다. 아무리 멋진 집이라 하더라고 도로가 연결되어 있지 않으면 그 집은 쓸모가 없다. 어쩌면 대학은 지금의 행정체계를 버리고 신도시 계획 수준의 완전히 새로운 행정체계를 구축해야 할지 모른다. 대학 행정은 혁신을 통해 대학이 미래로 나아갈 길을 만들어줘야 하는 숙제를 안고 있다.

2.

이 책의 내용은 대학 행정에 관한 이야기이지만 전체를 관통하는 하나의 키워드는 '사람'이다. 그래서 이 책의 제목을 '사람과 행정'으로 정했다. 어느 사람조직이나 그 안에서 일어나는 관계 구조는 비슷하다. 따라서 이 글은 모든 사회 조직에서 같이 생각해볼 수 있는 보편성을 가지고 있다고 본다.

행정조직의 핵심은 사람이고, 사람은 삶이다. 곧 행정은 삶의 과학이다. 따라서 행정은 사람 중심으로 이해하여야 한다. 행정을 사람보다는 기능적 조합이나 회계조직 관점으로 이해하고 활용한다면 그 어떤 정책도 필연적으로 실패할 수밖에 없다. 안타깝지만 조직사회가 움직이는 방향은 이러한 뻔한 실패의 길로 향해 간다. 그래서 조직 속의 사람조차도 기능적이고 회계적인 관리 수단에서 벗어나기가 더욱 어려워지고 있다.

행정의 혁신은 '사람'과 '행정' 사이에서 어디에 중심을 둘지 고민하는 과정에서부터 시작해야 한다. 행정을 중심에 둔 혁신은 허상에 불과하다. 행정으로부터 사람에게로 중심을 이동하고 난 이후에야 진정한 행정의 혁신을 할 수 있다. 링컨의 국민 중심 발언처럼 '사람의, 사람에 의한, 사람을 위한' 행정이 되어야 한다. 행정이 중심이 되면 그 속의 사람은 삶의 의미를 잃어버린다. 사람 중심의 행정만이 그 속에의 삶의 의미를 찾을 수 있다. 대학의 혁신도 마찬가지다. 대학이라는 실체는 모호하다. 대학 안에 학문이 있고, 사람이 있다. 모호한 대학혁신을 외칠 것이 아니라 학문의 관점에서, 학생의 관점에서, 교수의 관점에서, 사회의 관점에서 구체적인 혁신을 해야 한다.

3.

이 책의 내용은 40편의 글을 4개의 주제로 나누어 정리한 본문, 그리고 행정의 개념 100가지를 간단한 글과 그림으로 정리해 놓은 부록으로 되어 있다. 40편의 글은 2017년 10월부터 2022년 5월까지 한국대학신문의 '대학通'에 기고한 글이다. 2018년에 '대학행정 이야기'라는 제목으로 2주에 한 번씩 쓴 18편의 글도 포함되어 있다.

1,800자 칼럼 한 편을 쓰는 과정은 현미를 백미로 바꾸는 도정 과정과 같다. 현미는 백미보다 풍부한 영양분을 함유하고 있지만 소화하기 힘들다. 반면 백미는 입맛에는 맞지만, 도정 과정에서 현미보

다 영양소가 많이 깎여나간다. 이 책의 내용이 누구에게나 맞는 깔끔한 입맛의 백미보다는 조금이라도 더 현미의 영양소가 담긴 글이 되기를 바란다. 하지만 행정인이 행정의 관점에서 대학행정과 대학에 대해 진지하게 자기 성찰을 하고 그 목소리를 그대로 표현하는 것은 매우 어려운 일이다. 더구나 대학 행정 이야기는 이 분야에 관심이 있는 독자가 아니라면 쉽게 이해하고 공감하기 어려울 것이다. 그래서 칼럼을 쓰는 과정에서 원래 생각이 많이 깎여나가 애초에 하고 싶었던 이야기를 제대로 하지 못하고 결국 영양가 없는 밋밋한 글이 됐다. 이 점을 보완하기 위해 각 글의 끝에 추신 형식으로 이야기를 보탰다. 1,800자 칼럼에서 다하지 못했던 이야기를 저녁 자리에서 친구와 허심탄회하게 대화한다는 생각으로 풀어놓은 이 추신 글은 다듬어지지 않아서 거친 현미와 같다. 글을 쓰는 재주도 없지만, 추신 글을 더 다듬게 되면 애초에 전달하고자 했던 생각이 깎이고 희석되어 결국 다시 본문과 같아질 것이 우려되어 그대로 두기로 했다. 하지만 현미를 지향한다는 것은 역시 현실적으로 쉬운 일이 아니었다. 그러다 보니 어떤 글은 다시 두루뭉술해져서 본문과 추신이 구분되지 않은 것도 있다. 그래도 최소한 핵심 키워드와 방향성은 이 글에 남겨두었다. 책에서 다하지 못한 이야기, 좀 더 솔직한 대학혁신의 방법론은 평생교육원 과정을 통해 매주 월요일 저녁에 논의를 이어가고 있다. 언젠간 좀 더 냉철한 자기반성과 생각을 쓸 수 있지 않을까 한다.

4.

행정에 대한 화두를 항상 마음속에 품고 일을 마주하게 되면 행정의 현장은 내게 하나씩 답을 주었고, 그렇게 정리해 쌓아 둔 생각 중에서 100가지를 추렸다. 그리고 하나씩 설명을 붙여서 최보윤에게 보여주었더니, 보윤이는 한 장 한 장 그림으로 표현해서 보내주었다. 나는 그림을 하나씩 받을 때마다 선물 받는 기분이었고, 보윤이는 '이모부 이 작업이 재미있어요.'라고 했다. 건조한 행정 이야기를 어떻게 이해하고 그림으로 풀어낼 수 있을까 내심 걱정하고 미안한 마음이었는데 의외로 이 개념이 행정 이야기만이 아니라 세대의 벽을 넘어 공감할 수 있는 무언가가 있는 듯하다. 그러던 어느 날 둘째 딸 현수는 나에게 인스타그램을 제안했다. 그렇게 현수의 도움을 받아서 계정을 만들고 그동안 나의 평생교육원 과정을 이수한 동료들을 이 계정에 초대했다. 그리고 매일 아침 그림을 하나씩 올리는 100일 프로젝트를 진행했다. 책을 만드는 과정에서 보윤이의 선물과 같은 그림을 현수가 알려준 방법을 통해 동료들에게 다시 나누어주는 기쁨도 누릴 수 있었다. 행정은 곧 삶의 이야기다.

이렇게 정리된 내용이 부록의 '행정의 개념설계 100'이다. 이 100가지 개념은 행정의 씨앗 창고와 같다. 이 개념은 칼럼을 쓰는데 훌륭한 재료가 되어 주었고, 칼럼은 다시 행정의 개념으로 요약 정리된다. 본문 내용에서 부록의 개념이 어디에서 어떻게 쓰였는지 살펴보는 것도 좋겠다. 각 개념에 대해 서로 의견을 나누거나 공감하는 정도를 비교해봐도 좋을 것이다. 무엇보다도 가장 좋은 방법은 부록에 있는 개념은 모두 잊고, 각자만의 개념을 설계해 보는 것이다.

이 100가지 개념은 정답이 없다. 심지어 이 개념 안에서도 서로 모순된 내용도 있을 수 있다. 다만 한 가지 분명한 점은, "행정이란 무엇일까?"라는 화두를 고민하는 과정 자체가 자신을 성장하게 만든다는 것이다. 자신만의 정리된 개념을 100가지 정도 가지고 있다면, 그 개념은 어떤 현실을 마주하더라도 사태를 직관적으로 빠르고 깊게 이해하는 힘의 원천이 될 것이다. 그리고 현장의 경험을 통해 자신의 개념은 더욱 정교해지고 깊이를 더해 갈 수 있다. 그렇게 변화된 '나'는 행정과 대학을 혁신하고, 궁극적으로 우리의 삶을 긍정적으로 변화시킬 수 있을 것이다.

/ 차례 /

제1장 ──────── 행정의 마음

제4장 ——————— 자연을 닮은 정책

행정의 마음

1. 감정의 가지런함

조직 구성원으로서의 인간은 약점이 많다. 정보를 기억하는 능력이 턱없이 부족할 뿐만 아니라 인성, 성격, 선호, 선입견, 가치관 등의 개성에 따라 조직의 성과에 큰 영향을 미친다. 여기에 구성원 간의 감정까지 더해지면 일을 아예 그르치기도 한다. 반면 정보와 정보로 연결된 시스템은 감정이 존재하지 않는다. 그래서 시스템은 이런 인간적인 약점이 아예 없다. 오히려 인간의 능력과는 비교조차할 수 없는 엄청난 정보저장 능력과 정교한 알고리즘으로 놀라운 결과를 만들어 낸다. 과학적 논리로만 보면 가까운 미래에는 행정조직의 중요한 의사결정을 인공지능이 주도하고 인간은 단지 이 명령을따르는 종속변수로 전락하고 말 것이다.

하지만 비록 효율이 떨어지더라도 인간은 행정조직을 움직이는 중심에서 내려오지 않으려 할 것이다. 인간이 시스템에 밀리지 않고 좀더 오래 그 지위를 유지하기 위해서는 객관적 능력도 중요하지만, 무엇보다도 구성원 간의 주관적인 감정을 잘 다스려야 한다. 구성원은각자 누구는 플러스 몇 점이고, 또 다른 누구는 마이너스 몇 점이라고 감정 관계 점수를 매긴다. 이 감정 점수는 어제와 오늘이 같지 않고 변덕이 심하다. 스스로 감정을 제어하지 못하고 그대로 방치한다면 플러스 동료는 계속 좋은 면만을, 마이너스 동료는 계속 더욱 나쁜 면만을 들추어내서 보려 할 것이고 결국 감정은 양극단으로 치달아 인간관계는 엉망이 되고 말 것이다.

조직 밖에서의 개인적 감정은 어찌할 수 없지만, 조직에서 구성원 간에 발생하는 감정 점수는 조직의 협력관계를 왜곡시키는 요인이 되기 때문에 관리가 필요하다. 자신과 가까운 인간관계라 하더라도 공적인 일에서는 냉철하게 비판하고 극복해야 할 때가 있고, 비록 가깝지 않은 인간관계일지라도 긴밀하게 협력해야 할 일도 있다. 하지만 우리는 가까운 인간관계에서의 협력은 상대가 부족하더라도 눈감아주고, 가깝지 않은 인간관계에서는 상대와 어떻게든 협력을 피하려고 한다. 이러한 관계에서의 조직의 성과는 당연히 떨어질 수밖에 없다. 일부 관계에서는 과도한 유착관계가 있을 것이고, 또 다른 관계에서는 협력이 단절되어 동맥경화를 일으킬 것이다. 반면 감정이 없는 시스템은 최적의 결과를 만들어 내도록 프로그램화되어 있다. 여기에 인간만이 느끼는 감정 점수 조건을 투입해서 알고리즘을 만든다면 그 시스템은 엉망이 되고 말 것이다.

프로 행정인은 사적인 감정에 휘둘리지 않고 조직 구성원 누구와도 협력해서 최적의 성과를 만들어 낼 줄 안다. 그것은 마음이 어느 한쪽으로 치우치지 않고 균형을 이루고 있기 때문일 것이다. 장자는 이러한 긴장된 균형의 상태를 '천균(天鈞)'이라 했다. 이 단어의 사전적 의미는 '옳은 것과 그른 것을 아울러 한가지로 봄'이다. 어떤 대상에 대한 시비를 판단하는 기준은 나의 변덕스러운 마음에 있음을 알면서도 스스로 그 아집으로 들어가는 우리의 마음을 반성하게 만드는 정의다. 철학자 강신주는 천균을 '자연스러운 가지런함'이라고 풀이했다. '천'은 자연스러움을, '균'은 도자기를 만드는 회전 장치인 물레를 뜻하는데 천균은 흙덩어리가 물레의 중심부에 놓여 균형 있는 상태라는 것이다. 만일 흙덩어리가 물레의 중심부에서 벗어나 있다면 물레가 회전할 때 그 흙덩어리는 원심력을 이기지 못하고 흩어져 도자기를 만들 수 없다. 조직 구성원 누군가에 대한 감정도 이 흙덩어리와 같다. 중심에서 벗어나면 관계가 걷잡을 수 없이 엉망이 된다. 타자에 대한 감정의 덩어리를 휘둘리지 않는 마음의 중심자리, 즉 천균의 위치에 두어야 타자를 있는 그대로 보게 되고 나아가 능동적인 새로운 모습을 볼 수 있게 된다. 매일 아침 출근 전 동료들에 대한 흐트러진 내 마음을 바로잡고 새로운 모습으로 그들을 보려고 노력하는 것, 이것이 프로 행정인의 자세다.

직장이라는 공간에서 동료 관계는 피할 수 없다. 그 공간에서 마주하게 되는 우리 평범한 사람들은 어쩔 수 없이 감정에 휘둘릴 수밖에 없다. 또한 그 감정은 편향성을 가지고 있어 이를 벗어나기 어렵다. 그래서 직장이라는 공간에서 오랜 시간 같이 있게 되면 나는 결국 동료를 소수의 내 편과 그렇지 않은 편으로 나누게 된다. 내가 좋은 감정을 느끼는 내 편은 어떻게든 긍정적으로 이해하려고 하고, 그렇지 않은 동료는 자꾸 부정적으로 보려고 한다. 내 마음을 그대로 방치한다면 내 감정의 구슬은 언덕의 이쪽이나 저쪽 한편으로 계속 굴러가 버린다. 지금 내 마음의 구슬이 어디로 흘러가고 있는가? 매일 아침 출근길에는 너무 멀리 가버린 나의 구슬을 주워서 마음의 언덕 위에 다시 올려놓아야한다. 마치 시시포스의 운명처럼.

경험에 의하면, 학력과 지위가 높을수록 감정의 편향성과 편 가르기 경향이더 심한 듯하다. 더욱이 업무 관계가 더 오래 지속될수록 이 경향은 더 심해지고, 언덕 아래로 한없이 굴러가는 감정의 구슬은 다시 중립적 위치로 되돌려올려놓기가 거의 불가능한 상황이 된다. 대학의 고립된 연구실 구조는 이러한현실이 어느 정도 반영된 결과일 수 있다. 대학 조직이 어느 조직보다도 인재를 많이 보유하고 있으면서도 가장 소통하기 어렵고 조직 운영 효율이 떨어지는 원인을 감정 관리 분석을 통해 찾아보는 것은 어떨까?

2. 대학 코디네이터

 등산은 말 그대로 산의 정상에 오르는 것이다. 그래서 등산길은 대부분 정상으로 향해 있고, 우리는 그 길을 따라 작은 산부터 오르기 시작해 좀 더 높은 산을 찾다가 궁극적으로 히말라야 8천 미터 봉우리들을 꿈꾸게 된다. 이처럼 산은 오른 높이와 코스의 난이도로 평가를 받는 수직적 세계의 상징이었다. 이러한 산에 대한 인식이 둘레길 덕분에 극적으로 전환되었다. 둘레길은 누구나 같이 걸을 수 있는 길, 되돌아서 다시 만나는 길, 정상으로 향하는 모든 길을 만나는 소통의 길, 경쟁이 아닌 상생의 길이 되었다. 산은 이제 등산전문가만의 것이 아니라 누구에게나 열린 장이 된 것이다. 이것은 올레길을 처음 만든 사람처럼, 단절된 길을 새로운 가치로 '연결'하는 '지능'을 가진 열정적인 그 누군가가 있었기 때문이다. 책 『연결지능』은 제목이기도 한 이 단어를 '다양한 지식과 경험, 의욕, 인적자원 등을 결합해 연결성을 구축하여 새로운 가치와 의미를 창출하는 재능'이라고 정의했다. 사회 각 분야는 지금 연결지능으로 혁신 중이다.

 그러면 대학은 지금 어떠한 모습인가? 교수는 각자 자신의 분야에서 최고를 지향한다. 옆 동료가 무슨 연구를 하고 있는지 신경 쓸 겨를이 없다. 대학 행정은 더욱 전문화되어 가는 관료조직의 갇힌 시스템과 규칙 안에서 고독하게 자기만의 세계를 구축한다. 그 대학 사회 안에 학생이 있다. 제레미 리프킨은 『엔트로피』에서 '전문화는 증가하는 복잡성 및 집중화와 나란히 진행된다. 기술사회에서 인간을 위시한 모든 것은 확장되는 사회 메커니즘의 부품으로 전락한다. 사회 전체의 기능이 더욱 복잡해지고 집중화되면서 각 개인의 기능은 더욱 세분화되고 한정되며, 이들의 생존은 시스템 안의 다른 기능에 더욱 의존적이 된다.'라고 하면서, 그 끝은 종의 멸종이라고 했다. 대학은 지금 이 길을 그대로 따라가고 있는지 모른다.

극적인 전환이 시급하다. 그러기 위해서는 고독한 전문가들을 광장으로 나오도록 하고, 교육·연구·산학협력 등 대학 내외의 모든 역량을 연결하여 새로운 가치와 의미를 창출할 수 있는 대학 내의 또 다른 역할이 절실하다. 전통적인 대학 사회에서는 이러한 역할을 해 줄 새로운 전문가 집단을 뭐라고 부를 수 있는 용어도 통일이 되어 있지 않으니 우선은 그들을 '대학 코디네이터(University Coordinator; UC)'라고 부르자. UC는 탁월한 개인들이 모여 형성된 집단적 '바보'를 '지성'으로 전환하는 역할을 할 것이다. 『유엔미래보고서』에서도 개개인의 전문성보다는 집단지성이 더 중요해질 것이라고 하면서, 교육(Education) 분야에서 새로운 일자리가 생성되는 곳은 교육 코치, 교육과정 디자이너, 커리큘럼 개발자, 학습캠프 운영자 등이라고 전망하고 있다. 이들을 좀 더 세분화해 부르면 교육 코디네이터(EC)라 부를 수 있겠다. 하지만 그보다 연구(Research) 분야에서의 코디네이터(이들을 RC라 하자)가 자리를 먼저 자리를 잡을 가능성이 크다. 연구 분야는 각자 치열한 연구비 경쟁을 해야 하는 숙명이기도 하지만 집단융합 대형연구의 추세에 함께 해야 한다. 더 이상 고독한 연구자로만 남아서는 승산이 없다. 연결지능을 통한 협업과 집단지성이 가장 절실한 분야이고 그래서 RC의 역할은 더욱 필요하다. 따라서 코디네이터는 연구에서 교육으로 확장되고, 나아가 UC가 정착될 것으로 보인다. 이 길을 먼저 열어갈 그룹은 한 분야의 정상에 있는 교수일 수도 있고, 대학을 조직적으로 잘 이해하고 있는 행정가일 수도 있다. 어느 쪽에서 먼저 길을 열지 모를 일이나 한 가지 분명한 사실은 길은 걸어가야 만들어진다는 것이다.

2015년부터 연구부서에 근무하면서 RC(Research Coordinator) 제도를 제안해서 운영하고 있다. 연구자를 기획 단계에서부터 도와주는 일은 매우 전문적인 영역이다. 그래서 전문성을 확보하기 위해 연구교수를 RC로 임명하여 그들과 함께 대학 행정의 연구기획 분야의 새로운 길을 만들어 가고자 하는 것이다. 그렇게 몇 년이 지나게 되니 자연스럽게 RC의 그 역할에 대한 필요성을 조금씩이나마 인식하기 시작한 듯하다. 그리고 코디네이터 분야가 Research뿐만 아니라 산학협력(Industry) 등으로 확대되어 가고 있다.

대학의 각 행정 분야에는 이 창조 영역을 만들어 가고 있는 개척자들이 있다. 기술이전 전문가, 창업지원 전문가, 모금전문가들이 바로 그들이다. 교육 분야에서도 이미 조용한 개척자들이 있다. 그들을 대학 코디네이터(University Coordinator)라 할 수 있을 것이다. 나아가 다른 대학으로 코디네이터가 확산하여 정부의 재정지원을 통해 전문가를 양성하는 방향으로 발전했으면 한다. 일본은 RC와 비슷한 역할을 하는 전문가를 URA(University Research Administrator)라고 부르고, 정부 재정지원을 통해 이 URA를 적극적으로 양성하고 있다. 코디네이터라는 개념은 행정에도 새로운 시각을 제공한다. 어느 부서의 주임 또는 과장으로서 주어진 역할뿐만 아니라 대학 코디네이터로 어떤 역할을 할 것인지 스스로 성찰하고, 길을 만들어 가도록 할 것이다.

3. 일의 중심자리

"그것은 그쪽 사정이고, 이쪽의 원칙에 따라 그것은 불가합니다. 이의가 있으면 공문으로 정식 요청하시기 바랍니다." 이런 범주의 대화를 흔히 듣게 된다. 이쪽은 행정부서이고, 그쪽은 민원인, 교수, 학생 또는 다른 부서의 직원일 수도 있다. 그쪽은 이쪽의 행정지원을 받아야 하는 상황이지만 이쪽은 그쪽의 입장보다는 이쪽의 원칙을 앞세워 한 발짝도 움직이려 하지 않고 버틴다. 그래서 저쪽은 이쪽의 협력을 받기 위해 항상 아쉬운 소리를 해야 하는 이쪽의 종속변수 관계가 된다. 조직의 협업 관계가 원활하지 못한 이유는 대체로 이와 같은 방식으로 관계가 형성되어 있기 때문이다. 행정은 규범과 절차를 요소로 활용해서 끊임없이 벽을 만들고, 그 시간이 누적될수록 그 벽은 점점 더 견고해져 간다. 결국 행정은 근본적인 존재 목적을 상실하고 그 어떤 권위 속에 안주하게 된다. 하지만 권위의 실체가 무엇인지는 아무도 모르고 관심도 없다. 오로지 절차만이 남아 있다. 문화심리학자 김정운은 어떠한 상호작용의 맥락이든 권위의 맥락이 먼저 결정되는 이러한 현상의 실체를 한마디로 '절차적 권위주의'라 정의하고 이를 아주 효과적인 집단 무의식의 통제 수단이라고 경고한다.

대학은 정부라는 관료행정 조직 그늘에 있고, 내부 조직 또한 행정을 바탕으로 움직인다. 그렇게 대학은 안팎으로 행정이 감싸 안고 있어 절차적 권위주의에 빠질 위험성이 크다. 하지만 어떤 상황에서도 행정이 교육과 연구라는 대학의 본질적 목적보다 우위에 있을 수는 없다. 따라서 이쪽과 저쪽이 대립할 때는 우선 이쪽이 무조건 중심이어야 한다는 생각을 비우고, 대학의 목적에 비추어 어느 쪽이 중심이 되어야 하는지를 객관적으로 판단하면 소통의 방법을 쉽게 찾을 수 있다. 나아가 이쪽과 저쪽이 서로 같은 목적을 추구하는 지점까지 생각을 끌어올려서 그 목적을 공유하게 되면 이쪽과 저쪽은 남이 아니라 한 팀이 될 수 있다. 이것이 행정이 절차적 권위주의를 극복할 수 있는 최선이다. 그렇지 않고 부분에 집착해 절차적 권위만을 앞세워 꿈쩍도 하지 않으면 대립을 피할 수 없게 되고 조직 내에 불통의 벽을 만들게 된다.

행정을 하는 것은 벽(wall)을 쌓는 과정이 아니다. 대학의 목적을 중심으로 외부세계에 대응해서 끊임없이 변화할 수 있는 문(door)을 만드는 과정이다. 그러기 위해서는 대학의 전체적인 조직 관계에서 나의 위치를 파악하고 어느 축을 중심으로 변화해야 하는지 그 일의 중심자리를 찾아야 한다. 그 중심자리를 얻고 나면 저쪽 상대와 함께 끊임없이 변화할 수 있다. 장자는 '저것과 이것이 대립하지 않는 경우를 도의 지도리[道樞(도축)]라고 부른다. 한번 그 축이 원의 중앙에 서게 되면 그것은 무한히 소통하게 된다.'라고 했다. 지도리는 문이 원활하게 회전할 수 있도록 문설주에 박아 놓은 쇠 구조물을 뜻한다. 행정 관계에서도 저것과 이것이 대립하지 않는 지도리를 찾는 것이 무엇보다 중요하다. 하지만 태양이 지구를 돈다는 천동설을 믿고 살아온 인류의 긴 세월만큼이나 행정의 관점에서 대학 전체를 올바르게 인식하고 실천하는 것은 대단히 어려운 일이다. 눈앞의 세상이 항상 나를 중심으로 움직이는 것처럼 보이기 때문이다. 실제로 주위를 둘러보면 아직도 행정의 천동설을 믿고 그 생각을 바탕으로 일을 하는 사람들이 더 많다. 우주는 내 생각과 관계없이 정해진 질서에 따라 운행되지만 사람 사는 세상은 다수가 그렇게 생각하고 행동하면 그러한 방향으로 조직이 왜곡된다. 그래서 가끔은 하늘을 올려다보면서 대학이라는 우주도 겹쳐서 생각해보는 것도 좋겠다. 교육과 연구라는 태양이 있고, 태양을 중심으로 자전과 공전을 하는 행정이라는 지구가 있고, 지구를 중심으로 도는 행정인이라는 달이 있다.

행정 부서 안에서도 이쪽과 저쪽의 구분을 목적부서와 지원부서로 나누어 볼 수 있다. 대학에서 목적부서는 수행하는 일이 교육과 연구 목적에 가까운 부서이고, 지원부서는 목적부서를 지원하는 역할을 한다. 목적부서는 무언가를 이루고자 하는 절실함이 있지만, 지원부서는 될 수 있으면 일이 없기를 바란다. 그렇다고 지원부서가 없어지는 것도 아니다. 오히려 목적부서보다 지원부서의 권한이 더 큰 것이 관료조직의 일반적 특성이다. 절실하지만 권한은 부족하고, 일이 없기를 바라는데 권한은 큰 것이다. 이러한 구조적 모순으로 인해 목적부서는 항상 지원부서에 대해 안타까움을 느끼고, 조직 내 갈등은 피할 수 없다.

근본적 문제 해결 방법은 지원부서를 목적부서로 전환하는 것이다. 그 방법은 지원부서 업무를 외부 전문업체에 위탁하는 것이다. 전문업체는 자신의 능력을 최대한 홍보해서 일을 수주하려고 한다. 일을 수주하지 않으면 회사를 유지할 수 없다. 이미 대학 조직의 많은 업무가 외부 전문업체에 이관되었고, 머지않아 핵심 지원업무도 대학에서 가지고 있지 않을 것이다. 이 흐름을 회피할 필요는 없다. 오히려 조직은 목적부서 중심으로 행정을 가볍게 하고 사회의 플랫폼 서비스와 연계하는 열린 조직으로 운영해야 한다. 대학은 회계나 자산관리를 주 업무로 하는 조직이 아니다. 교육과 연구를 잘하도록 집중할 필요가 있다.

4. 수영의 달인과 행정의 지혜

수영장에서 겨우 기초를 익히고 난 후 바다에 나가 저 멀리 해수욕장 경계 지점까지 도전했던 때를 기억한다. 멈추어 서면 발이 닿는 수영장이 아니라 밑이 보이지 않는 짙푸른 바다를 마주한 그 순간, 장자가 수영의 달인을 통해 전하는 비법 한 가지만을 생각했다. "물이 소용돌이쳐서 빨아들이면 저도 같이 들어가고, 물이 나를 물 속에서 밀어내면 저도 같이 그 물길을 따라 나온다. 물의 도를 따라서 그것을 사사롭게 여기지 않는다. 내가 육지에서 태어나서 육지에 편안해진 것이 옛 삶이고, 물에서 자라서 물에 편안해진 것이 지금의 삶이며, 내가 어떻게 그럴 수 있는지 모르지만 그렇게 된 것이 바로 운명이다." 이 말은 바다에 대한 두려운 마음을 진정시켜주는데 확실한 효과가 있었다. 행정이 대학에서 마주해야 하는 대상은 익숙한 육지에서 걷다가 바다로 나아가 수영을 해야 하는 것처럼 낯선 것인지도 모른다. 하지만 우리 행정인은 그 대상의 다름에 대해 간과하고 육지의 옛 삶을 쉽게 버리지 못한다. 그리고 행정의 방식으로 대학을 대한다. 이 점에 대해 장자의 바닷새 이야기를 새겨들을 필요가 있다. "옛날 바닷새가 노나라 서울 밖에 날아와 앉았다. 노나라 임금은 이 새를 친히 종묘 안으로 데리고 와 술을 권하고, 아름다운 궁궐의 음악을 연주해 주고, 소와 돼지, 양을 잡아 대접하였다. 그러나 새는 어리둥절해 하고 슬퍼하기만 할 뿐, 고기 한 점 먹지 않고, 술도 한 잔 마시지 않은 채 사흘 만에 결국 죽어 버리고 말았다. 이것은 사람을 기르는 방법으로 새를 기른 것이지, 새를 기르는 방법으로 새를 기르지 않은 것이다."

행정을 한다는 것은 항상 어떤 대상이 존재하고, 그 대상은 각각의 고유한 특수성을 가지고 있다. 하지만 행정은 각각의 특수성보다는 전체적 관점에서 보편화하려는 특성이 있다. 그래서 행정과 그 대상이 대립하게 되는 경우를 보면 대체로 행정의 보편성과 그 대상의 특수성이 서로 대립하고 있는 구조다. 여기에서 행정이 그 대상의 특수성보다는 행정의 보편성만을 고집한다면 그 대상은 자칫 바닷새와 같은 운명을 맞이할 수도 있다. 그렇다고 행정이 무조건 보편성을 내려놓아야 하는 것은 아니다. 보편적 기준 없이 행정을 한다는 것은 수영의 기초지식이 없이 바다에 뛰어드는 것과 같다. 따라서 각각의 특수성에서 전체적인 보편성을 발견하고 이를 고도화할 수 있는 능력을 키우는 것이 행정의 기본이고 필수 요소이다. 그러한 후에 행정은 이 보편성을 준거로 삼아 각각의 특수한 상황에 대응할 수 있어야 한다. 핵심은 행정이 그 대상과 어떻게 어우러지고 소통할 것인가 하는 것이다.

학문의 삶에 익숙한 어떤 대상이 행정의 규칙을 이해하고 그 절차대로 실행하는 것은 학문을 하는 본업보다 더 어려운 일이지만 행정인에게는 익숙하고 편안한 일이다. 이것은 육지와 바다의 삶만큼이나 다른 영역일 수 있다. 어떤 목적을 위한 행정 절차 하나하나에는 모두 이러한 차이가 존재한다. 대학은 행정을 실현하는 곳이 아니라 학문을 위한 장이라는 점을 상기한다면 어느 쪽이 익숙함을 버리고 낯선 영역으로 나아가 도움의 손길을 내밀어야 하는지는 자명하다. 학문이 낯선 행정의 영역으로 나와야 한다면 그만큼 본질적인 곳에 에너지를 집중하지 못하게 된다. 그것보다는 대학이 학문에 전념할 수 있는 공간이 되도록 행정이 먼저 고민하고 움직여야 한다. 그렇게 된다면 행정과 학문이 만나는 경계 지점에서 보편성과 특수성이 대립하지 않고 융화되어 행정은 대학에서 있는 듯 없는 듯 존재할 수 있게 된다. 이쯤 되면 수영의 달인이 '내가 어떻게 그럴 수 있는지 모르지만 그렇게 된 것이 바로 운명이다.'라고 한 경지에 이르렀다고 할 수 있다. 무더운 여름 바닷가에서 수영의 달인을 생각하며 행정의 달인을 기다려본다.

대학 조직이 기업 조직과 다른 점이 하나 있다. 대학은 교육과 연구를 수행하는 목적 집단이 있고, 목적을 수행하는 수단으로서 행정 조직이 별도로 존재한다. 즉 행정 조직이 교육과 연구를 직접 수행하지는 않는다. 따라서 행정이 대학의 목적에 맞춰 역할을 하기가 매우 어렵고, 행정의 결과가 교육과 연구를 위한 것인지 아니면 저해하는지 분명하지 않다. 반면 기업 조직은 모든 부서가 기업의 이익 창출이라는 목적과 직접 연결되어 있다. 이익 창출에 도움이 되는지는 쉽게 판단할 수 있고, 도움이 되지 않는 부서는 도태된다.

이러한 특수성을 보완하기 위해 대학의 행정 조직에는 기업 조직에서는 볼 수 없는 보직 교수 제도를 채택하고 있다. 보직 교수는 익숙한 교육과 연구의 세계를 잠시 접어두고 어느 날 행정이라는 매우 낯선 영역에 발을 들여놓게 된다. 대학의 교수가 대학 행정의 보직을 맡는 것이 자연스러운 것으로 생각할 수 있다. 대학에 몸담고 있고, 또 교육과 연구를 위한 행정이기 때문에 보통의 교수 역량이면 행정을 할 수 있을 것이란 기대는 착각이다. 문제는 역량 수준 차이가 아니다. 하지만 학문과 행정의 세계는 전혀 다르다. 특히 행정은 합리적 이론에 따라 작용하지 않는다. 사람 간의 불합리하고 복잡한 관계가 얽혀있고, 오직 경험을 통해서만 이해되는 것들이 너무 많다.

5. 행정의 마음

블라인드 설치 일을 하는 A가 필자의 집에 방문했다. A는 상담하고 설치하는 동안 줄곧 밝은 표정으로 즐기면서 일을 했다. 그 모습이 인상적이어서 필자는 A에게 물었다. "지금 당신의 직업에 만족하나요?" A는 한순간도 망설임 없이 대답했다. "블라인드를 설치해주면 다들 좋아합니다. 나는 다른 사람을 행복하게 해주는 이 직업에 굉장히 만족하고 이런 일을 하는 것이 행운이라고 생각합니다." 그 이후 필자는 주변의 지인들이 블라인드를 설치한다고 하면 망설임 없이 A를 소개해 주었다. 그러면 며칠 후에 필자는 양쪽 모두에게서 고맙다는 말을 어김없이 듣는다. A는 돈을 받은 대가로 블라인드를 설치하는 노동에만 집중해도 된다. 이것은 필자와 일정한 조건으로 연결된 의무적 관계다. 여기에 A는 장점 하나를 더 가지고 있다. 그것은 노동에 대한 서비스 '대상'을 인식하고, 그 대상과 좋은 '마음'으로 연결하는 관계 능력이다. 이것은 A가 스스로 연결한 자율적 관계다. 시장경제 관점에서 보면 이 자율적 관계는 꼭 필요한 덕목도 아니고 누군가 요구할 의무도 없다. 다만 A가 타율적 조건 관계로만 머문다면 자신의 노동을 통해 더 이상의 가치를 찾을 수 없을뿐더러 필자로부터 새로운 고객을 창출할 기회를 얻지 못했을 것이라는 차이점은 있다.

『앎의 나무』에서 바렐라는 '어떤 체계를 컴퓨터처럼 타율적 체계·통제된 체계로 볼 때 체계와 상호작용하는 우리의 근본 범주는 '명령'이고 바람직하지 않은 결과는 '잘못'이다. 반면에 자율적 체계로 볼 때 근본 범주는 '대화'고 바람직하지 않은 결과는 '이해의 단절'이다.'라고 직시했다. 명령으로 연결된 조직체계는 각 단위 조직별로 해야 할 일이 잘 분업화되어 있고, 이들 간에 연결된 조직도를 잘 따라가면 협업과 소통도 잘 될 것으로 기대한다. 하지만 정작 해결해야 할 대상을 앞에 두고 단위 조직 간에 서로 엉뚱한 논쟁으로 번지기 일쑤이고 결국 본질적인 목적을 잃어버리게 되는 경우가 많다. 이것은 명령으로 연결된 조직체계가 지닌 한계이다. 이러한 타율적 관계는 조직을 유지하기 위한 최소한의 조건이지 충분조건이 아니다. 꿈꾸고 연결해서 창조적 가치를 만들어 내기 위해서는 조직에 새로운 연결 관계가 하나 더 필요하다. 그것은 서로가 마음으로 연결되는 관계다. 마음으로 연결된 조직은 문서로 정의할 수 없고 눈에도 보이지 않는 자율적 체계다. 대학은 어느 조직보다도 이러한 마음으로 연결된 조직체계여야 한다. 하지만 책『대학의 영혼』에서는 '영혼을 잃어버린 건 학생들이 아니라 그들을 가르치는 대학이다.'라고 하면서 교육과 연구의 객관주의와 분과 학문 구조의 문제점을 지적한다. 그러면서 사랑의 마음으로 대상을 알아 갈 것을 제안한다.

행정은 대학에서 교육과 연구라는 목적 달성을 위한 조직적 기능을 제공한다. 하지만 행정이 그 목적에 대해 애정 어린 호기심을 차단한 채 오로지 명령 관계로만 움직인다면 대학 조직은 법원의 재판

장처럼 변할 것이다. 그렇게 되면 행정인 스스로 조직에서 정체성을 잃게 될 뿐만 아니라 대학의 교육과 연구가 타율적 체계·통제된 체계 속에 갇히게 된다. 행정은 대상에 대한 따뜻한 마음을 가지는 조직으로 거듭나야 한다. 애정을 간직하고 대상에 집중하다 보면 갇힌 틀에서 벗어나 마음을 열고 소통할 수 있게 되고 된다. 그러면 전체의 구조가 보이기 시작하고 궁극적으로는 창의적인 통찰을 얻을 수 있게 된다. 물론 마음을 열게 되면 필연적으로 마음의 상처를 받게 된다. 그렇다고 다시 마음을 닫고 무관심해져서는 안 된다. 스테판 에셀은 92세의 나이에도 무관심과 무사유는 최대의 적이라고 하면서 『분노하라』라고 외쳤다. 대상에 대한 따뜻한 마음, 그리고 필요하면 분노할 줄 아는 용기가 조직 생명체를 건강하게 한다.

조직역량은 구성원 개인의 전문성, 조직 운영체계, 투입된 재정 등의 영향을 많이 받는다. 하지만 이러한 요소는 필요조건이지 충분조건은 아니다. 모든 것을 투입하더라도 구성원의 마음이 어긋나 있다면 조직 시스템은 의미가 없다. 시스템은 일종의 기계적 장치와 같다. 행정 시스템이 기계적 장치와 다른 점은 시스템의 주요 구성 요소가 사람이라는 점이다. 이 행정 시스템에서 '마음'을 뺀다면 단지 자동차처럼 차가운 기계적 부품을 조립한 장치와 다를 바 없게 된다.

설마 행정을 하면서 '마음'을 빼고 일을 하는 것이 가능할까? 경험에 의하면, 마음을 가지고 행정을 하는 구성원을 만나기가 더 어렵다. 많은 경우 마음을 접어두고 기계적으로 업무를 보는 구성원을 더 많이 만나게 된다. 왜 그럴까? 아마도 마음을 열었을 때 상처를 받았을 수도 있을 것이다. 아니면 마음을 다해 일해도 그만한 보상을 받지 못한다는 것을 알고 있기 때문일 수도 있다. 아니면 행정 시스템의 막연한 권위에 눌려 마음을 열지 못하는 것일 수도 있다. 마음은 상호작용이다. 어느 한쪽이 마음을 다해 일하는데 상대가 기계적인 반응만을 보인다면 일의 결과도 나아지지 않을뿐더러 마음을 연 쪽에게는 큰 상처로 되돌아온다. 그래도 항상 따뜻한 마음을 간직하고 대하자. 마음이 없는 그 시간은 내 삶이 아니지 않은가.

6. 이상과 현실

조직의 '근본 목적'은 손에 잡히지 않는 이상(理想)과 같다. 전문화된 관료제는 이 근본 목적을 각자의 전문영역 또는 부서별 '짧은 목표' 단위로 나누어 현실(現實)화한다. 이상은 중요한 날 리더의 선언문에만 가끔 등장할 뿐 업무 현장에서는 쉽게 잊히지만, 현실은 늘 현장 가까이에 있다. 구성원의 책상 위에는 짧은 목표와 관련된 업무들이 산적해 있고, 주변엔 그 근원이 어디인지 누구도 알 수 없는 수많은 규제와 지침이 복잡하게 얽힌 시스템이 둘러싸고 있다. 전체 조직역량은 이처럼 제각각 움직이는 짧은 목표의 힘을 합한 값이 된다. 각각 1의 힘이 같은 방향으로 움직여 전체역량이 10이 될수도 있고, 다수가 반대 방향으로 움직여 마이너스 결과로 나올 수도 있다.

연구의 방향성도 근본 목적과 짧은 목표 사이에 놓여있다. 과학기술은 하루가 다르게 급격히 발전하지만, 그만큼 지구의 미래를 걱정하는 우려의 목소리 또한 커지고 있다. 이는 지구 생태계 관점보다는 분과 학문별로 저마다 짧은 목표에만 치중한 결과일 것이다. 우리나라의 국내 총생산액(GDP) 대비 연구비 투자 규모는 세계 최고 수준이다. 하지만 연구 투자를 통해 궁극적으로 이루고자 하는 목적보다는 자원의 배분과 회계적 관리에 더 심혈을 기울인 탓에 '코리아 R&D 패러독스'라는 말까지 떠돈다. 대학은 기존의 학과를 뛰어넘는 융합을 통해 연구와 교육을 혁신을 위해 노력하고 있고, 정부가 BK21사업을 통해 대학을 지원하는 목적도 이와 다름이 없다. 하지만 BK21사업의 세부 평가항목으로 들어가 보면 여전히 학과 중심의 분과 학문 단위로 되어 있다. 이로 인해 대학은 BK21사업이 새롭게 시작하는 7년마다 미래로 향하던 발걸음을 돌려서 19세기 학과 체제로 원점 회귀해야만 한다. 연구간접비는 연구를 수행함에 따라 발생하는 대학의 제반 비용에 대한 원가 보상이고, 대학 일반회계에서 집행되는 것이 타당하다. 하지만 회계 관점의 엄격한 집행관리라는 짧은 목표만 따라가다 보면 연구간접비도 사용 목적과 집행이 관리되는 직접비로 성격이 바뀌고 만다. 산학협력단 법인은 대학의 연구 및 산학협력 활동에 도움을 주기 위해 대학 내에 특수법인 능력을 부여한 것이다. 하지만 현실에서는 산학협력단 법인 조직이 대내외적으로 학교가 아닌 별도의 조직으로 인식되어 가고 있다. 세법은 이미 산학협력단을 학교가 아닌 영리법인으로 보고, 정부는 총장이 아닌 산학협력단장을 연구계약 상대로 한다. 대학 본부와 산학협력단 조직 사이의 재정적, 인적 장벽은 더욱 높아져만 간다. 짧은 목표의 발뒤꿈치만 따라가다 보면, 이처럼 어느샌가 근본 목적과 방향이 틀어지게 된다.

맹자는 물망, 물조장(勿忘, 勿助長)을 강조했다. 잊어버리지도 말고, 자라는 것을 억지로 도와주려고도 하지 말라는 것이다. 잊지 말아야 하는 것은 근본 목적이고, 억지로 조장하지 말아야 하는 것은 짧은 목표다. 근본 목적을 잊고 짧은 목표만 추구해서 조장하려 들면 전체가 위험해진다. 21세기 최고의 탐험가 중의 한 사람인 우에무라 나오미는 자신의 책『우에무라 나오미의 모험학교』를 통해 혼자 등반을 하거나 극지를 탐험할 때 크레바스를 예방하는 방법을 이렇게 소개했다. "긴 대나무를 마치 검처럼 허리에 차고, 그 장대를 끌면서 걸었다. 함정처럼 감춰진 크레바스에 빠지더라도 몸에 달린 장대가 제어 역할을 해서 추락을 막을 수 있으니까. 아주 단순한 발상이었다." 일의 현장에도 크레바스는 항상 존재한다. 어떤 상황에서도 근본 목적을 잊지 않는다면 시간을 횡단하는 긴 통찰력을 얻을 수 있다. 이 통찰력은 우에무라 나오미의 장대와 같다. 내 허리춤에 찬 장대의 길이는 얼마나 될까?

활을 쏘는 사람은 자세를 바르게 한 후에 쏜다. 화살을 쏘았는데 적중하지 않는다면 자기를 이긴 사람을 원망하지 않고 오히려 자기를 돌아보며 허물을 찾을 뿐이다. 이처럼 맹자는 반구저기(反求諸己, 잘못을 자신에게서 찾음)를 역설했다. 잘못된 구조에서 나오는 수많은 정책은 자세를 바르게 잡지 않고 쏘는 화살과 같다. 행정, 교육, 연구 분야에서 정책과 조직의 구조는 올바른 것인지 그 구조의 구조 자체를 되돌아봐야 한다.

반구저기 없는 정책은 엉뚱한 결과를 만든다. 지극히 현실적인 것만을 따르다 보면 그 현실들이 서로 엉켜 부딪히게 된다. 이 정책이 무엇을 지향하는지 끊임없는 질문을 던져야 한다. "코리아 R&D 패러독스를 극복할 수 있는 R&D 정책은 무엇인가?", "정부의 대학 재정지원 정책 방향은 옳은 방향으로 가고 있는가?", "대학에서 산학협력단 법인을 통해 추구하는 이상은 무엇이고, 그것을 실현하기 위해 제대로 정착되고 있는가?"

조직 속의 구성원이 스스로 반구저기를 하고 정책 방향을 근본적으로 바로잡는 것은 사실상 불가능하다. 누구도 거대한 시스템을 이겨낼 수 없다. 방법은 하나밖에 없다. 구조의 구조를 바로잡을 기능을 구조 안에 내재화하는 것이다. 조직에 반구저기의 환류 시스템이 없다면 혁신은 그저 구호에 불과하고 겉돌게 된다.

7. 존재의 의미

　하루아침에 교통사고로 모든 것을 잃고 전신마비가 된 그레이, 그의 몸에는 인간의 모든 능력을 업그레이드하는 최첨단 두뇌 '스템'이 장착되고, 이 스템의 능력을 빌려 아내를 죽인 자들을 직접 처단하기 위한 통제 불능 액션이 시작된다. 결국은 이 모든 것이 그레이 몸속에 내장된 인공지능 스템이 인간 그레이를 지배하려는 계획이었음이 밝혀진다. 인간 그레이는 스템을 통해 업그레이드 되었지만 자신의 통제권을 스템에게 넘겨주고 스템의 목적을 위한 수단이 되어갔다. 영화 「업그레이드」의 내용이다. 영화 속 스템을 사회 조직을 생명체로 확장해서 보면, 조직을 숙주로 활용하고자 하는 어떤 것을 '사회적 스템'이라 부를 수 있겠다. 사회적 스템은 자신이 속한 조직의 정체성을 상실하게 하여 자신을 위한 조직으로 만든다.

　영화 속 스템은 도킨스의 『이기적 유전자』와 닮았다. 도킨스는 이 책에서 인간의 모든 행동이 유전자의 자기 보존 본능에 따라 일어나고, 인간은 유전자의 매체에 불과하다고 주장한다. 스템이나 도킨스의 유전자 관점에서 보면 인간은 그저 숙주일 뿐이다. 인간으로서 우리는 이 관점에 당황하게 된다. 이 관점을 받아들이면 내 삶의 의미가 상실되기 때문이다. 우리는 선택의 기로에 서 있다. 이기적 유전자의 관점으로 살아갈 것인가? 아니면 내가 삶의 주인으로서 살아갈 것인가? 내가 삶의 의미를 찾지 못한다면 나는 이기적 유전자의 숙주가 될 것이다. 내가 유전자의 숙주가 되지 않으려면 내가 스스로 삶의 의미를 찾아야 한다. 내 삶의 의미는 내 몸속의 특정 영역에 존재하지 않는다. 그것은 물리적인 차원을 넘어선 정신이다. 정신은 생각하지 않으면 흩어져 없어진다. 마찬가지로 조직 생명체도 똑같은 선택의 갈림길에 서 있다. 조직 생명체가 그저 숙주가 되지 않기 위해서는 존재 의미를 찾아야 한다. 조직의 존재 의미는 특정 부서에서 관리해야 할 업무가 아니고 조직에 내재하여 있는 정신이다. 조직 속의 우리 스스로 각자 생각하지 않으면 그 의미를 어디에서도 찾을 수 없다.

사회적 스템은 미래 영화 속 이야기가 아니라 이미 우리 조직 속 가까이에 흔하게 존재한다. 조직 속의 한 부분이 조직 자체를 숙주로 만들고자 하는 이러한 위험한 신호는 많다. 하지만 스템 여부를 가르는 경계선, 즉 수단이 목적을 지배하게 되는 지점은 분단된 철조망처럼 분명하게 구분되어 있지 않다. 그래서 조직 구성원은 쉽게 이 경계를 넘어가게 되고, 스스로가 이미 스템이 되어버린 것을 인지하기가 어렵다. 조직의 규모가 비대해지고 전문화될수록 구성원의 스템화 위험성은 더 높아진다. 그것은 조직 속의 구성원이 조직의 큰 목적을 인식하기 더 어려워지기 때문이다. 결국 구성원인 '나'는 조직을 위해 일을 하는 것이 아니라 '나'의 편의를 위해 조직을 조종하게 된다. 그리고 나를 포함한 부서도 이러한 방식으로 스템화된다. 조직의 운영체계인 시스템 또한 스템화 위험성이 크다. 지금 사무실 컴퓨터 앞에 앉아 열심히 자판을 두드리고 있는 이 순간도 이미 우리가 조직의 빅브라더 시스템 속으로 빨려 들어가고 있는 과정일지도 모른다. 여기에 각종 규제와 프로그램화된 정교한 시스템은 구성원의 종속을 가속화 한다. 회계 등과 같이 전문화된 분야도 마찬가지다. 각 영역이 조직의 근본 목적을 배제하고 독자적으로 고도화되어 간다면 그 자체가 스템과 다를 바 없게 된다. 이처럼 스템화된 조직은 서비스 대상을 지원하는 것이 아니라 각자가 제각각 통제하는 방식으로 작용한다. 이러한 조직은 더는 존재할 의미가 없어지게 된다. 결국 숙주로서 조직의 생명이 다하게 되면 그 속의 사회적 스템도 함께 사라진다. 이처럼 존재의 의미를 잃어 종말을 맞게 되는 운명을 피하려면 조직에서 '종속 지수' 또는 '스템 지수'라도 만들어 관리해보면 어떨까?

조직이 나를 활용하는지, 아니면 내가 조직을 나의 보호막으로 활용하는지 정확히 분간하기 어렵다. 나와 조직의 관계는 서로에게 필요한 존재가 되어 주는 이타적인 관계와 자신을 위해 상대를 이용하는 이기적인 관계 사이에 있다.

조직을 숙주로 활용한다는 것은, 조직으로부터 혜택은 받고 이에 상응하는 보답은 하지 않는다는 것이다. 『이기적 유전자』에 따르면, 진화의 관점에서 한 가지 분명한 사실은 다른 개체로부터 도움만 받고 보답하지 않는 '사기꾼' 개체는 절멸한다는 것이다. 그리고 분별없이 사기꾼에게조차도 무조건 도움만 주는 '봉' 개체는 사기꾼 개체보다 더 빨리 절멸한다고 한다. 최종적으로 살아남는 개체는 '원한자' 개체이다. 원한자는 처음 대하는 상대와 이전에 도움을 준 개체에 대해서만 보답하는 '호혜적 이타주의' 개체이다. 한가지 유의할 점은, 봉이 사기꾼의 일시적 번영을 가능하게 해서 초반에 원한자를 위험에 빠뜨린다는 점이다.

조직이 봉, 사기꾼, 원한자 전략 중 어느 전략을 선택할지는 분명하다. 조직이 봉이 많아지도록 하는 시스템은 가능하지 않다. 조직 운영에 아무런 전략이 없다면 '사기꾼'이 많아지고 조직은 소멸의 길로 접어들 것이다. 조직에서 선택 가능한 운영 방법은 사실상 원한자 전략밖에 없다. 확실한 호혜적 이타주의를 실현하는 것만이 안정적으로 조직을 유지하는 방법이다.

8. 신독(愼獨), 홀로 있음의 지혜

아침 9시, 재택근무 중인 H는 사무실에 있는 Y 팀장에게 가벼운
아침 인사말과 내부 포털에 접속해 있는 컴퓨터 화면 사진 한 장을
문자로 보낸다. 근무를 시작했다는 신호다. Y 팀장은 각 사무실과
집에서 근무하는 직원을 화상으로 연결해 회의하고 각자 일을 시작
한다. 사무실은 이제 특정한 한 공간만을 의미하지 않는다. 온라인
으로 연결된 곳이면 모든 곳이 사무실이다. 코로나19는 개인을 물리
적으로 고립시켰지만 우리는 서로 선으로 연결해 나간다. 어디든 온
라인으로 연결해서 언제든 화상으로 만나 회의를 한다. 우리는 이렇
게 몸과 마음이 공간의 제약에서 벗어나는 데 익숙해져 가고 있다.
환경의 변화에 따라 '나'도 달라져야 한다. 같은 사무공간에서 근무
하고 있다면 '우리'가 '나'를 지켜주고, 나는 어느 정도 조직의 시간
과 흐름에 따라가면 된다. 하지만 고립된 공간에서는 오로지 내가
나를 지켜야 하고 혼자만의 그 시간에 관한 결과도 스스로 증명해야
한다. 강의실 강의보다 혼자서 이끌어가는 온라인 강의가 다들 훨씬
어렵다고 호소한다. 온라인 강의는 단 일 분도 그냥 흘려보낼 수 없
고 홀로 그 시간을 감당해야 하기 때문이다. 고립된 그 시간을 어떻

게 맞이할 것인가? 중용(中庸)에 "군자는 그 보이지 아니하는 곳에서 경계하고 삼가며 그 들리지 아니하는 곳에서 두려워한다. 숨은 것에서 가장 잘 나타나며 미세한 것에서 가장 잘 드러난다. 그러므로 군자는 그 홀로 있을 때(獨, 홀로 독) 조심(愼, 삼갈 신)한다."라고 했다. 바로 신독(愼獨)의 마음가짐이 그 지혜가 될 수 있다.

신독의 마음가짐은 학생에게도 중요하다. 강의실이 아닌 온라인 환경에서 학생은 교수를 쉽게 속이고 나아가 자신마저도 속일 수 있다. 스스로 삼가지 않는다면 누구도 바로잡아주지 못한다. 안타깝게도 수업은 온라인으로 하지만 코로나19 감염의 우려에도 시험만은 대면으로 해야 한다는 목소리도 컸다. 지금까지 학교와 학생은 서로 철저한 감독 아래에서 시험을 치르는 방식에 익숙해져 왔다. 그래서 우리는 학생들이 신뢰할 수 있는 대상인지 아닌지조차 모르고 있다. 이것은 단순히 학생들만의 문제가 아니다. 교육에 대한 근본적인 성찰이 필요하다. 어쨌든 학생들에겐 홀로 있어야만 하는 시간이 강제로 주어졌고, 그 시간을 어떻게 지내느냐에 따라 인생의 결과가 달라질 것이다. 학생들은 그동안 인생의 가장 소중한 시간을 캠퍼스의 낭만과 허상에 가려져 무언가를 잊고 지냈는지도 모른다. 해야 했기 때문에 공부하고, 감시 속에서 시험을 치르고 성적표를 받았다. 코로나19 위기를 통해 학생들이 진정한 자아를 들여다볼 계기가 되었으면 좋겠다. 이제부터는 내가 주도적으로 학문을 하고 필요하면 연결해서 찾아봐야 한다. 그리고 성적표가 나를 증명해주는 것이 아니라 나 자신이 성적표가 되어야 한다. 교수는 그러한 학생들에게 지식을 전수하는 것 이외에 신독의 표상이 되어 주는 것도 좋겠다. 신영복 교수는 <담론>에서 "어느 시대 어느 사회라 하더라도 특정 계급에 갇히지 않는 장기적이고 독립적인 사유 공간이 필요합니다. 대학의 존재 이유입니다. '오늘'로부터 독립한 사유 공간, 비판 담론·대안 담론을 만드는 공간이 바로 대학입니다. 지식인도 그 사회적 입장에 있어서 대학과 크게 다르지 않습니다."라 했다. 고독한 연구실에서 스스로 학문을 추구하는 교수는 신독을 수행하는 지성인이고, 넓게는 대학 캠퍼스 자체가 신독을 체험하는 공간이다. 코로나 19 감염병의 세계적 유행으로 독립적 사유 공간인 대학의 교수와 학생, 직원은 서로 고립되었다. 이 고독한 인고의 시간 끝에서 신독의 마음으로 나를 되돌아보고, 새해의 활기찬 캠퍼스를 기대해 본다.

코로나19는 집단과 개인의 관계를 되돌아보게 했다. 개인이 집단 속에 있을 때는 그 집단의 일원으로 규칙을 잘 따르면 되었고, 집단이 개인을 증명해 줄 수 있었다. 집단의 힘에 눌려 개인이 보이지 않는 사회였다. 하지만 집단이 해체되고 난 이후 개인은 혼자가 되었다. 이 시간은 개인의 존재감을 회복할 수 있는 계기가 되었다. 그렇게 존재감을 회복한 개인은 다시 연결해서 새로운 집단 관계를 형성해 가고 있다. 능동적으로 관계를 다시 구축해가는 이 새로운 관계 집단은 이전의 집단과는 여러 가지로 다를 것이다.

대학은 기존의 대량생산 체계를 전면적으로 해체하고 이 새로운 개인을 맞을 준비를 해야 한다. 대학의 대량생산 체계의 해체는 곧 대학의 거대한 관료 체계를 혁신하는 일이다. 몇십 개의 교과목을 한 묶음으로 제공하는 전공이라는 기성품은 이미 경쟁력을 잃었다. 이제는 개인이 교과목을 하나씩 골라 담아 자신만의 학문 세계를 구축해 갈 것이다. 그리고 여기에 강의실 밖에서 다양한 실천적 경험을 녹여 온전히 나의 것으로 만들어 갈 것이다.

이 모든 변화의 목적지는 '나'에게 향해 있다. 조직이 출퇴근 시간을 챙겨주고, 교수가 학생의 강의 출석을 확인하는 시대는 지났다. 아직도 구성원이 시간과 규칙을 잘 지키는지에만 신경 쓰는 조직은 미래가 없다. 미래의 조직 관리 핵심은 '신독'이다.

9. 성심(成心)의 수양과 관리

"대저 성심(成心)을 따라 그것을 스승[師]으로 삼는다면, 그 누군들 스승이 없겠는가? 어찌 반드시 변화를 알아 마음을 스스로 선택하는 사람만이 성심이 있겠는가? 우매한 보통 사람들도 이런 사람과 마찬가지로 성심을 가지고 있다. 만약 마음에 아직 성심이 생기지 않았는데 시비를 따진다면 이는 '오늘 월(越)나라에 갔는데 어제 도착했다.'라고 말하는 것과 같다. 이것은 없는 것을 있다고 하는 것이다. 만약 없는 것을 있다고 한다면 비록 신묘한 지혜를 발휘했던 우(禹)임금이라도 알 수 없을 것이니, 난들 유독 이를 어찌할 것인가." 장자(莊子)의 「제물론」에 나오는 성심 이야기다. 여기에는 세 유형의 사람이 등장한다. 성심이 생기지 않은 사람, 우매한 보통 사람, 반드시 변화를 알아 마음을 스스로 선택하는 사람이다. 이를 각각 미성(未成), 우성(愚成), 지성(知成)이라고 한다면 조직 구성원 각자의 성심은 이 세 유형 중의 하나로 분류될 수 있다.

개인적 삶에서 각자의 성심은 독립적이고, 그가 어떤 성심을 가지고 있건 타자와 관계하지 않으면 조직에 영향을 미치지 않는다. 조직은 개인적 삶과는 달리 구성원의 성심이 서로 깊이 연관되어 있고, 세 가지 성심은 업무와 결합해 결과를 만들어 낸다. 조직은 어떻게 성심을 관리해서 발전의 원동력으로 삼을 것인가? 그 첫 번째는 미성을 가려내는 일이다. A에 대해 알지 못하거나 논의에 참여할 수준이 되지 않는 사람이 A에 참여하게 되면 전혀 논리에 맞지 않는 주장을 하고 명백한 거짓을 사실인 것처럼 말해도 진실인지 분간하기 어렵다. 하지만 조직에서 미성 여부를 가늠하기란 굉장히 어렵다. 그 사람의 소속이나 지위, 담당 권한 등이 상대방의 판단을 흐리게 하기 때문이다. 우리는 관련 부서에 근무한다는 이유로 회의에 초대되어 전혀 모르는 주제임에도 자리에 앉아 상대방이 눈치채지 못하도록 마치 그 분야의 전문가인 것처럼 충분히 행세할 수 있다. 그렇게 되면 신뢰할 수 없는 정보와 주장이 뒤섞여 그 회의는 엉뚱한 방향으로 흐르게 된다.

성심의 관리 두 번째 단계는 특정한 성심을 절대적인 것으로 간주하고 맹목적으로 추종하는 우성을 적절하게 관리하는 일이다. 조직에는 각자의 주장이 있고 그 주장은 조직의 상황이나 가치판단에 따라 옳고 그름 또는 최선과 차선으로 나뉘어 활용되어야 한다. 이러한 상황에서 맹목적인 우성만 있다면 모든 상황이 꼬이고 고집불통의 주장만 남게 된다. 그렇게 되지 않기 위해서는 '반드시 변화를 알아 마음을 스스로 선택하는 사람', 즉 지성의 역할이 중요하다. 하지만 조직 전체에서 지성의 비율은 언제나 소수에 속한다. 그리고 다수의 우성과 소수의 지성 논쟁에서는 우성의 주장이 채택될 확률이 훨씬 더 높다. 지성은 우성의 주장까지 품어 받아들이려 하지만 맹목적인 우성은 지성을 이해하지 못할뿐더러 조직적인 거부권을 가지고 있기 때문이다. 따라서 조직은 구성원 개인의 성찰에만 기대해서는 안 된다. 지성이 상황을 주도해서 큰 눈사람을 만들 수 있도록 구체적인 관리 방안을 마련해 줘야 한다. 이것이 성심의 관리 세 번째 단계이다. 성심은 관계 역량이다. 우성이든 지성이든 누구나 자신의 두 손으로는 겨우 작은 한 움큼의 눈 뭉치만을 만들 수 있다. 우성은 여기까지가 전부다. 하지만 지성의 힘은 그 한 움큼의 눈을 굴려서 큰 눈사람을 만들어 낸다. 작은 화두 하나에서 출발해 구성원 각자의 능력을 받아들이고 보태서 큰 성과로 이어지게 하는 것이다. 이처럼 성심의 유형에 따라 결과의 차이는 크게 달라진다. 따라서 성심 역량은 조직의 성과를 축소 또는 확대하는 지수와 같은 역할을 한다. 조직은 이 점을 잘 활용해야 한다. 구성원 각자의 성심을 파악하고 그 성심과 업무를 최적화하는 지속적인 노력이 필요하다.

관료조직은 특성상 각 개인의 성심(成心)에 따라 그 업무의 성과 또는 결과가 큰 차이가 난다. 따라서 조직은 구성원의 성심을 인사관리의 핵심 요소로 포함할 필요가 있다. 구성원의 성심은 정량화해서 지수로 만드는 것도 가능하다. 이를 '성심 유연 지수'라고 한다면, 조직은 이 지수를 인사관리에 활용할 수 있다. 개인의 성심을 파악하지 않고 업무배치를 하는 것은 성심 유연 지수가 누구에게나 같다는 전제가 있어야 한다. 하지만 미성(未成), 우성(愚成), 지성(知成)의 성심 유연 지수 차이는 크다. 대학 행정 조직은 항상 이 점을 간과한다.

조직의 리더는 구성원 각자의 성심을 파악하고 이를 조직 운영에 활용할 수 있는 미세감각을 가지고 있어야 한다. 그런데 이러한 미세감각은 행정의 실전적 경험을 통해서만 얻어진다. 동료 관계에서도 같은 동료의 성심을 간접적으로 들어서 잘 알고 있다고 생각하지만, 실제로 같은 부서에서 직접 동료로서 경험하게 되면 동료의 새로운 면을 많이 보게 되는 경우가 많다. 하물며 보직 교수가 구성원 각자의 성심을 파악하는 것은 더욱 어렵다. 따라서 성심의 관리를 리더의 개인 역량에만 의지해서는 안 된다. 구성원의 성심을 고려해서 조직 체계, 인력배치, 의사결정 구조 등 체계적인 조직 관리를 할 필요가 있다.

10. 문제의 초점과 방향 그리고 깊이

조직에는 늘 해결해야 할 문제가 생겨나고, 구성원은 이 문제에 대해 나름대로 의견을 가지고 있다. 그리고 각자의 의견은 하나의 해결책 마련을 위해 조직의 의사결정 구조 안에서 조정 과정을 거치게 된다. 이 과정에서 구성원의 의견이 일치하지 않고 대립한다면 어떻게 조정할 것인가? 그리고 대립하는 원인은 무엇인가? 이것은 '의견'에 대한 것이 아니라, 의사결정에 참여하는 '주체'에 대한 질문이다. 우리는 당장 책상 앞에 놓여있는 문제의 해결에만 집중한다. 하지만 그 전에 문제 해결에 참여하는 주체 간에 서로 확인해야 할 사항이 있다. 문제에 대한 각자의 의견을 잠시 내려놓고 의사결정 과정을 다음 세 가지 관점에서 집중해 관찰해보는 것도 좋겠다.

첫 번째는 초점이다. 이것은 우리가 같은 문제지를 가지고 있느냐 하는 것이다. 우리가 서로 다른 문제지를 풀고 있었다면 올바른 결론을 기대하는 것은 애초부터 그른 것이다. 삶의 문제는 수학 문제와 같이 명확하지 않다. 문제 자체가 무엇인지 인식하는 것 자체가 매우 어렵다. 하지만 우리는 현실 문제는 논하면서 문제지 자체에 대해서는 아무도 말하지 않고 문제 풀기에만 집중한다. 우리는 서로가 문제를 똑같이 인식하고 있다는 착각 때문인데 이는 큰 오산이다. 십중팔구는 문제를 서로 다르게 인식하고 있다. 이 오류에서 벗어나기 위해서는 문제에 대한 의견을 논하기 전에 상대방에게 이 문제를 어떻게 인식하고 있는지 질문해서 확인해야 한다. 그리고 서로가 의견을 말하기 전에 문제에 초점을 맞추어야 한다.

두 번째는 방향이다. 이것은 대상을 인식하는 '관점'을 서로 확인하는 것이다. 이 관점은 정책의 방향성에 큰 영향을 미친다. 대상을 비용 관점으로 인식하면 통제 수단을 통한 최소화 전략을 구상하게 된다. 반면 대상을 투자 관점으로 인식하면 최대치의 결과를 얻기 위해 최적의 지원 전략을 구상하게 된다. 두 전략의 방향은 서로 180도 다르다. 투입 요소가 자본이라면 지출을 줄여 작은 이익을 남길 수도 있고 투자를 늘려 사업을 확장하는 전략을 선택할 수도 있다. 또 조직이나 제도를 통해 대상을 통제할 수도 있고, 활성화할 수 있도록 지원할 수도 있을 것이다. 이 전략은 대상에 따라 다르게 적용되어야 한다. 그리고 인적자원이 대상이 되는 정책은 비용과 투자라는 냉정한 자본 논리로만 접근하기보다는 더불어 사는 지혜가 더해질 필요가 있다.

세 번째는 깊이다. 이것은 판단의 근거다. 누구에게나 상황을 판단하는 근거 기준을 내면에 가지고 있다. 이 판단의 근거는 상황을 이해하는 깊이와 관련이 있다. 누구는 대상에 대한 일차적인 원인에 근거해서 판단하고, 누구는 그 원인의 원인을 생각해 궁극적으로 근본 목적에까지 연결하기도 한다. 깊이 생각할수록 더 깊고 넓게 뿌리를 내리는 것이다. 일차적인 원인 해결에 치중하는 것은 시급한 증상 처방은 되겠지만 근본적인 해결책은 되지 않을 것이다. 어느 깊이까지 연결해서 판단할 것인지는 선택사항이다.

우리가 의견을 나눌 때, 문제에 대한 각자의 초점, 방향, 깊이는 보이거나 들리지 않는다. 그렇지만 이 세 가지는 각자의 의견에 깊은 영향을 미친다. 그리고 각자가 이 세 가지에 대해 일치된 생각을 할 확률은 제로에 가깝다. 각자의 상식대로만 의견을 낸다면 올바른 해결책은커녕 갈등만 증폭될 것이다. 따라서 이 세 가지는 수면 위에 올려놓고 관리되어야 한다. 문제를 인식하고, 추구하는 가치 방향을 정하고, 어떤 수준의 목표에 맞출 것인지 조직적 차원에서 체계적으로 관리되어야 한다. 이러한 가치들이 정렬된 이후에 의견을 나누게 되면 상호 신뢰는 더 깊어지고 개인의 생각을 넘어서는 최선의 해결책이 나오게 될 것이다.

대학과 관련된 정책 논의는 참여하는 당사자들이 초점과 방향, 깊이를 맞추기가 매우 어렵다. 교육 정책을 논의한다면 우선 교수, 학생, 직원, 정부, 기업, 학부모 등 정책과 관련된 참여 주체가 다양하다. 그리고 이들 각 주체는 관점의 차이가 뚜렷하고, 주제에 대한 이해의 깊이도 다르다. 예를 들어 대학의 주인은 누구인가라는 주제토론을 한다면, 아마도 교수와 학생은 서로 대학의 주인이라고 할 것이고, 직원도 역시 주인이라고 할 수 있다. 학과 정책, 연구간접비에 대한 정책 등도 이해관계 집단별로 관점 차이가 매우 크다. 따라서 대학의 쟁점 사항을 논의할 때는 항상 문제의 초점, 방향, 깊이를 먼저 생각해야 한다.

조직 내의 이견과 갈등은 쟁점에 대한 초점과 방향, 깊이 세 가지와 관련이 있지만 이를 조율할 행정적 장치는 마련되어 있지 않다. 갈등을 해결할 방법은 오로지 구성원 개인의 몫이다. 더구나 이 세 가지는 구성원 각자의 성심(成心), 행정의 마음 등 주관적 요인에 따라 크게 영향을 받고, 이로 인해 문제는 더욱 꼬인다. 결국 조직 내에는 눈앞에 뻔히 답이 보이는데도 해결되지 못한 문제들이 쌓여있게 된다. 조직 내의 이견과 갈등 구조 이면에는 이와 같은 여러 요인이 복합적으로 작용한다. 그럼에도 조직의 문제를 구성원 개인의 소양 교육을 통해서만 해결하려는 것은 옳지 않다. 행정의 과학적 접근이 필요하다.

제2장

행정의 공유

11. 행정은 넛지(Nudge)다

2008년 출간된 베스트셀러『넛지(Nudge)』의 저자로 널리 알려진 리처드 탈러(세일러) 교수가 올해 노벨경제학상 수상자로 선정되었다. 탈러는 책에서 '넛지(Nudge)'를 '타인의 선택을 유도하는 부드러운 개입'이라는 뜻으로 새롭게 정의하고, 사람들이 보다 건강하고 자유로운 삶을 영위하는 방향으로 결정하도록 넛지를 가하는 방법을 제시한다. 또한, 사람들이 결정을 내리는 배경이 되는 정황이나 맥락을 만드는 사람, 즉 넛지를 가하는 사람을 '선택 설계자(Choice Architect)'라고 한다. 투표용지를 디자인하는 사람, 환자에게 선택 가능한 다양한 치료법들을 설명해 줘야 하는 의사, 직원들이 회사의 의료보험 플랜에 등록할 때 작성하는 서류 양식을 만드는 사람, 자녀에게 선택 가능한 교육 방식들을 설명해 주는 부모, 물건이나 서비스를 판매하는 세일즈맨 모두 선택 설계자다.

필자는 평소에 "대학 행정(인)은 '무엇'이다."라는 방식의 생각 훈련을 많이 한다. 문장 안에 들어갈 '무엇'에 대한 다양한 은유적 개념을 찾아 생각해보면 대학 행정에 대한 격물치지(格物致知)가 되고 대학 행정 현장에서 큰 힘이 된다. 대학 행정은 넛지이고, 대학 행정인은 선택 설계자이다. 필자는 이 생각을 항상 마음에 두고 대학 행정을 해 왔다. 그래서인지 리처드 탈러 교수의 노벨경제학상 수상 소식이 특히 친근하게 느껴진다.

대학에서 행정은 목적이 아니다. 궁극적인 목표 분야는 교육과 연구이고, 행정의 구체적인 대상은 교수와 학생이다. 행정의 결과가 행정인 자신이 아니라 교수와 학생의 경쟁력 강화를 통해 간접적으로 나타나는 것이다. 이 점을 고려하면 대학에서 행정인은 선택 설계자로서 타인의 선택을 유도하는 부드러운 개입, 즉 넛지를 더욱 적극적으로 활용할 필요가 있다. 위계적 관료조직에 몸담고 있으면 넛지가 아닌 다른 방법, 즉, '직접적인 개입'을 통한 행정을 하기가 쉽다. 하지만 이 방법은 행정이 교수나 학생을 직접 통제하는 방식으로 작용하게 되고, 결과적으로 대학이 획일화되고 경직될 가능성이 크다.

반면 부드러운 개입, 넛지는 선택하는 주체가 행정인이 되는 것이 아니라 교수와 학생이 되도록 한다. 행정인은 그들이 좋은 선택을 할 수 있도록 정황이나 맥락을 만들고, 교수와 학생은 각자 최선의 선택을 해서 다양성을 유지하면서 스스로 역동적인 변화를 하게 된다. 넛지는 대학 행정뿐만 아니라 강의실 안팎에서도 유용하게 사용될 수 있다. 강의자는 일방적 지식 전달보다는 학생이 스스로 진리를 찾아갈 수 있도록 멋진 넛지를 발휘할 수도 있다. 나아가 정부도 대학정책을 되돌아보고, 넛지를 좀 더 적극적으로 활용했으면 한다. 학문의 자유가 생명인 캠퍼스는 직접적인 개입보다는 넛지가 가장 어울리는 공간이기 때문이다.

정부의 대학정책 전반을 넛지 관점에서 분석해 보는 것도 정부와 대학 간의 정책 효율성을 높이는 데 도움이 될 수 있다. 예를 들면 정부가 연구비 계약을 통해 대학에 재정 지원하는 것은 넛지 정책과는 조금 거리가 있다. 정부 연구비는 엄밀하게 분석하면 대학에 대한 재정지원이 아니라 연구 결과를 목적으로 하는 계약관계이다. 따라서 연구 기간이 종료되면 대학지원의 효력도 끝이 난다. 좀 더 세밀하게 들어가 연구비 안에서도 넛지 효과를 살펴볼 수 있다. 연구비를 구성하는 비목은 직접비와 간접비로 구분할 수 있는데, 이 간접비가 바로 넛지 정책에 가깝다. 따라서 정부 연구비에서 간접비 책정 비율을 높이고, 대학이 이 간접비를 자유롭게 활용하도록 하면 넛지 효과를 높일 수 있다. 나아가 정부가 연구비 지원 이외에 대학이 좀 더 자유롭게 활용할 수 있는 지원금이나 장학금 등을 확대해서 대학 경쟁력을 높이도록 하는 것이 넛지 정책에 더 부합한다. 이처럼 넛지 행정 관점에서 정책 하나하나 세밀히 살펴보는 것도 좋겠다.

행정 실무자는 때론 날개 없이 날아야만 한다. 자신에게 주어진 일은 많지만, 그에 걸맞은 권한은 가지고 있지 않다. 명목적 권한은 관리자에게 있다. '권한은 없지만, 책임감을 가지고 일을 하라'는 것은 사실 그 문장 자체가 모순이다. 권한이 있으면 책임을 져야 하고, 책임이 있으면 권한을 가져야 하기 때문이다. 그렇지만 현실은 권한 없이 책임을 지고 일해야 한다. 날개 없이 날아야만 하는 것이다.

현실에서 실무자가 날개 없이 날아가는 방법은 있다. 그것은 바로 넛지다. 넛지는 명목적 권한보다 더 강력한 효과를 발휘하는 수단이다. 명목적 권한이 없는 실무자는 넛지를 통해서 얼마든지 그 권한으로부터 원하는 결과를 유도해 낼 수 있다. 예를 들면, 실무자가 리더에게 정보를 어떻게 취사선택해서 보고하는가에 따라 리더의 결정이 달라진다. 행정에서 거의 모든 일은 넛지의 재료가 될 수 있다. 하지만 안타깝게도 대학이나 정부는 넛지를 제대로 활용하지 못한다. 무언가를 하지 못하도록 직접 통제하려는 관료조직의 속성에서 벗어나기 어렵기 때문이다. 그래서 행정 수단이 오히려 상황을 부정적으로 만드는 직접적 개입을 하게 된다. 또한 정부의 대학정책이나 R&D 사업은 매우 거칠고 단편적이어서 그에 따른 부작용으로 대학은 몸살을 앓는다. 조직의 혁신은 작용은 있으나 보이지 않는 이 넛지를 어떻게 활용하는가에 달려 있다.

12. 행정은 기록이다

 갑과 을이 만나 회의를 하고 A라는 새로운 정보가 만들어졌다고 가정하자. 정보 A가 갑이나 을의 조직에 조금이나마 도움이 된다면 A는 조직에 가치가 있는 유용한 정보일 것이다. 이 정보는 조직에서 어떻게 처리하는가에 따라 가치가 달라진다. 갑은 A를 즉각 문서로 작성해서 갑의 내부 조직에 보고했고, 조직에서는 A를 지식 자산으로 등록하여 내부에서 전파하고 활용하였다. A는 왜곡 없이 정보가 필요한 조직 구성원에게 신속하고 폭넓게 확산된 것이다.

 갑이 속한 조직은 구성원 모두가 이처럼 자신들의 활동 결과를 기록으로 정리해서 지식자산으로 만들었고, 이를 빅데이터로 활용한다. 반면, 을은 A에 대한 문서를 작성하지 않았고 필요한 때에 조직 구성원에게 말로 설명했다. 을이 정보를 공유하는 범위는 굉장히 제한적이고 속도도 느렸다. 더구나 정보가 조직 구성원으로 전파될 때마다 조금씩 왜곡되어 A와는 전혀 다른 정보가 되었다. 결국 A는 을의 기억 속에서만 존재하다가 서서히 잊히고, 조직에서는 A에 대한 왜곡된 정보만 남았다. 을이 속한 조직은 구성원 모두가 을처럼 일한다. 자신들의 활동 결과를 기록하지 않고 자신의 경험으로만 남는다. 그래서 을이 속한 조직의 정보시스템에는 의미 있는 지식자산은 거의 없고 관리와 통제에 필요한 안내서만 넘쳐난다. 당연히 갑이 속한 조직은 을이 속한 조직에 비해 조직적 역량이나 성과가 뛰어날 수밖에 없다. 기록의 차이가 만들어 낸 결과다.

벽돌 한 장 한 장을 쌓아 집을 짓듯, 행정은 하나하나의 정보를 연결하고 축적해서 완성된다. 행정 정보는 개인 또는 조직의 기억과 경험 밖으로 나와서 기록되어야 한다. 기록되지 않은 것들은 부정확하고 왜곡되어 전파되고 시간이 지나면 결국 소멸하고 만다. 기록된 이후에야 그 기록이 행정시스템 안에서 살아 움직일 수 있다. 나아가 기록은 모든 조직, 특히 정부를 비롯한 관료조직이 움직이는 근간이 된다. 헌법 제82조에는 '대통령의 국법상 행위는 문서로써 하며, 이 문서에는 국무총리와 관계 국무위원이 부서한다. 군사에 관한 것도 또한 같다.'라고 명시되어 있다. 기록된 문서로써 국법상 효력이 발생하는 것이다.

기록의 목적은 궁극적으로 조직의 부가가치를 창출하는 데 있다. 그런 점에서 기록된 최소단위 정보 자체의 일차적 가치도 중요하지만 각 정보가 상호작용을 통해 만들어 내는 이차적 가치도 고려해서 평가되어야 한다. 을이 갑보다 가치 있는 정보를 창출해낼 수 있는 개인 능력이 뛰어날 수 있다. 이는 개인 역량 차원에서 매우 중요한 요소이다. 하지만 조직적 차원에서는 기록할 줄 아는 능력 또한 매우 중요하다. 기록하는 능력 향상을 위해서는 조직의 구체적 노력이 필요하다. 조직 차원에서 구성원에 대한 기록의 의무화, 표준화된 문서 양식의 제공, 문서의 관리 및 활용시스템 등을 갖추어야 한다.

말은 사실보다 감정을 더 표출하지만, 기록은 감정을 제어한다. 따라서 말에서 말로 전달되면 감정이 증폭되지만, 기록에서 기록으로 전달되면 감정은 순화되고 객관적 사실만 남게 된다. 만일 누군가 전화로 어떤 사안에 대해 격앙된 어조로 항의한다면, 전화 민원을 받는 담당자는 민원사항을 문서로 정리해서 이메일로 보내주면 성실히 검토해서 답변을 주겠다고 하면 된다. 민원인도 문서로 정리하는 과정에서 감정을 누그러뜨리고 객관적으로 생각하는 기회를 가질 수 있게 된다. 그리고 문서로 기록된 민원은 행정 시스템에서 합리적 해결 과정을 거치게 된다. 이처럼 기록이 체계화된 시스템을 갖추게 되면 행정의 효율성은 크게 높아진다.

필자가 팀장이 되고 나서 팀에서 가장 먼저 실행한 일이 표준화와 공유였다. 구체적으로 세 가지를 실행했다. 첫째, 팀원들에게 책 『대통령보고서』를 읽게 하고 우리에게 가장 적합한 표준문서 형식을 정했다. 사무실에서 쓰는 거의 모든 문서는 이 표준형식을 따라 작성됐다. 직원들은 문서를 작성할 때 형식을 고민하지 않아도 되고 바로 작성할 수 있었다. 또 하나의 장점은 공동작업을 할 때나 정보를 활용할 때 자유롭게 편집할 수 있다는 점이다.

두 번째 조치는 팀 서버 공유였다. 팀에 공유 서버를 두고 모든 업무는 이 공유 서버에 문서를 보관하고 작업을 하도록 했다. 팀원 모두가 한 대의 컴퓨터를 사용하는 것과 같은 환경을 만든 것이다. 문서 양식을 표준화하고 팀 서버를 공유하는 것은 팀 역량을 몇 배 끌어 올리는 극적인 효과가 있다고 확신한다. 팀원들은 자신의 초안을 작성해서 서버에 저장해 두면 다른 팀원이 그 문서에 생각을 보태고 전체 모니터를 통해 서로 의견을 나눈다. 일을 혼자서 고민하지 않아도 된다.

세 번째는 매년 팀의 연간활동 보고서를 발간해서 교내에 최대한 공개하는 것이다. 이는 문서의 표준화, 서버 공유 환경이 갖춰지면 그렇게 어려운 작업이 아니다. 그리고 보고서의 공유는 팀 업무가 전체 조직에 도움을 주는 것이 목적이라는 점을 잊지 않게 한다.

13. 행정의 에너지

행정 분야에서 '일을 한다.'라는 것은 그 일의 성격에 따라 두 가지 의미로 해석할 수 있다. 하나는 외부에서 주어진 어떤 문제를 내부의 정해진 시스템에 따라 일을 '관리한다.'라는 의미고, 또 하나는 어떤 새로운 것을 '창조한다.'라는 의미다. 그리고 일은 조직에 긍정적이거나 또는 부정적인 결과로 나타난다. 이것을 사분면 위에서 가로축 왼쪽에는 일의 관리를, 오른쪽에는 창조를, 세로축 위쪽에는 일의 긍정적 결과를, 아래쪽에는 부정적 결과를 그려볼 수 있다. 여기에서 사분면 왼쪽의 관리를 위한 행정 시스템은 외부의 원인행위가 있으면 그에 따라 작동하고 그렇지 않으면 멈추는 수동적 시스템이고, 여기에 잘 적응된 제도가 관료제(bureaucracy)라고 할 수 있다. 그래서 관료제 안에 갇혀 있는 구성원은 관리 중심으로 일을 하려는 경향에서 좀처럼 벗어나기 어렵고, 이러한 경향은 다시 조직의 관료화를 더욱 촉진하는 순환 고리를 만든다. 이렇게 고착된 시스템은 조직의 근본적인 목적을 지향하기보다는 비용관리와 절차적 권위를 앞세운 수단에 치중하게 된다. 물론 관리에 중점을 둔 행정의 결과가 조직에 긍정적인 영향을 미치는 왼쪽 위의 2사분면에 있기를 우리는 희망한다. 하지만 그 결과가 3사분면의 절망적인 영역에 놓여있을 수도 있다.

이어령 교수는 서양 문화를 미리 정해진 규격에 무언가를 넣는 시스템적인 사고를 바탕에 둔 '상자 문화'라고 정의하고, 관료제는 이러한 사고의 바탕 위에 있다고 봤다. 하지만 정보가 넘쳐나는 불확실성의 시대에는 분명 이러한 시스템적 사고를 바탕으로 하는 조직의 한계가 있다고 하면서 자유자재로 변하는 융통성과 포용성을 상징하는 우리의 '보자기 문화'에 주목했다. 그러면서 보자기와 같은 특성이 있는 애드호크라시(adhocracy)를 관료제의 대안으로 제시했다. 애드호크라시는 관료제처럼 대상을 나눠서 상자에 욱여넣는 것이 아니라 조직이 대상을 보자기처럼 감싸 안고 그 형태에 따라서 자유자재로 변화하는 특별 임시조직이다. 관료제에서는 교육을 정해진 교육과정 상자에 넣어 대량생산하고, 연구를 연구비 비목별로 분해해서 비용관리 관점에서만 바라본다. 반면 애드호크라시는 교육과 연구의 본질적 목적에 맞추어 조직이 변화하고 새로운 에너지를 만들어 낸다. 따라서 대학은 애드호크라시 접목을 통해 관료제 조직을 보완해서 1사분면의 창조 영역을 강화할 필요가 있다. 비록 창조적 일의 결과가 조직에 부정적인 영향을 미치는 4사분면에 위치할 수도 있지만 이러한 실험적인 도전은 조직의 미래를 위해 투자로 봐야 한다.

신영복 교수는 '여기저기 우연의 점들을 찍어 나가다 그것이 서로 연결되어 선이 되고 인연이 되고 그 인연들이 모여 면(面)이 되고 장(場)이 된다.'라고 했다. 여기에서 장은 조직의 에너지 자원이 된다. 조직에서 구성원이 전체 속에서 하나의 점으로 그 역할을 충실히 수행하는 것이 기본적 임무라면, 점들을 연결하여 조직의 에너지를 만들어 내는 것은 구성원의 선택적 임무다. 기본적 임무는 에너지를 소비하지만, 선택적 임무는 에너지를 창조하고 새로운 생각을 바탕으로 시스템의 모든 자원을 연결하여 조직을 한 단계 혁신하는 멋진 일이다. 개인이나 부서의 경계를 넘어 내 생각을 조직의 근본 목표에 맞추고 있으면 전체를 조망할 수 있는 시야를 얻게 되고, 선택적 임무를 하게끔 하는 능동적 힘이 내면으로부터 스스로 나온다. 그 힘을 바탕으로 나 스스로가 점과 점을 이어 장을 만들어나가고, 또 내가 다른 누군가에게 하나의 점이 되어 준다면 서로에게 에너지를 주는 상생 관계가 된다. 그리고 이것은 행정에서 '일을 한다.'라는 것의 두 가지 의미를 모두 실천할 수 있는 멋진 방법이다.

관료조직의 구성원에게는 기본적 임무와 선택적 임무가 있다. 기본적 임무 관계는 계약에 의한 의무와 책임을 다하고 보상을 받는 것이다. 이것만이라면 내가 일하는 목적이 노동의 대가로 금전적 보상을 받는 경제적 이유 때문이라고밖에 설명할 수 없다. 이런 직장 생활이 잘못된 것은 아니다. 누구나 직장을 다니는 이유로 다른 어떤 것보다 경제적 목적을 우위에 둔다. 그렇다고 내가 일하는 목적이 오로지 경제적 이유가 전부가 된다는 것은 너무 서글픈 일이다. 일은 최대한 피해야 하고, 어쩔 수 없이 맡게 된 일은 무거운 짐이 된다. 그렇게 일을 피해 정년까지 무사히 이르기를 바랄 뿐이다. 거울 앞에서 그러한 우리의 자화상을 보면 서글픈 감정이 든다.

이런 서글픔 끝에서 우리는 생각을 전환해야 한다. 직장은 내 삶의 일부이다. 그리고 나는 공생관계이다. 나는 직장을 발판삼아 새로운 도약을 할 것이다. 그렇다면 나는 두 번째 계약할 때가 되었다. 나 자신과 계약해서 스스로 선택적 임무를 받는 것이다. 이 계약을 하는 순간 나의 관점은 완전히 달라질 것이다. 내 삶의 시간을 직장이라는 시간에 맡겨 두고 영혼 없이 끌려다닐 수 없다. 직장은 남의 일을 대신해주는 것이 아니고 나의 소명이다. 그리고 나는 직장의 소중한 경험을 자양분 삼아서 성장할 것이다. 첫 번째 계약보다 이 두 번째 계약이 더 멋지지 않을까?

14. 공문서의 활용과 에티켓

　행정조직의 구성원은 공문서를 통해 기록하고 소통하고 의사결정을 한다. 이 공문서는 잘 쓰면 훌륭한 도구가 되지만 잘못 쓰면 독이 된다. 따라서 조직 구성원은 공문서의 기본을 이해하고 있어야 한다. 공문서의 원조는 역시 정부기관이라 할 수 있는데, 정부의 공문서는 '행정 효율과 협업 촉진에 관한 규정'을 따른다. 이 규정에는 공문서의 정의에서부터 형식과 활용 방법 등이 구체적으로 정해져 있다. 정부기관과 공문서로 직접 연결되어 있는 대학은 정부의 공문서 영향을 많이 받는다. 따라서 정부의 관련 규정을 한 번쯤은 정독해보는 것도 좋겠다. 이후에 그 형식과 활용에 대해 여러 관점에서 되돌아보고 각자의 행정조직에 어울리는 대안을 찾아보려는 적극적인 자세가 필요하다. 이런 측면에서 몇 가지 공문서 사례를 중심으로 필자의 관점을 먼저 공유하고자 한다.

　공문서는 내부기안문서와 발신문서로 나누어 볼 수 있다. 이 중에서 발신문서의 형식을 보면, 결문에 '기안자·검토자·협조자·결재권자의 직위나 직급 및 서명'이 표기되어 있다. 이는 행정 효율과 협업 촉진에 관한 규정 시행규칙 제4조5항에 따른 조치다. 하지만 결문에 이러한 정보가 노출되면 발신기관의 공식적 의견보다는 그 문서의 기안자 또는 결재자 개인의 의견으로 비칠 수 있고, 사안에 따라서는 그 개인들이 로비의 대상이 될 수도 있다. 물론 기안자를 명시하는 것은 정책 실명제라는 측면에서 장점도 있지만, 결문의 노출 여부는 문서의 목적에 따라 유연하게 사용되어야 한다. 또 하나, 발신문서는 상대 기관에 보내는 서신과 같아서 기관 간에 공문서 에티켓을 지키는 것이 중요하다. 예를 들면 한 조직의 내부기관 간에 내용에 이의가 있다고 공문서 접수를 거부하는 경우가 종종 발생하는데 이는 바람직하지 않다. 수신문서에는 답신문서로 정중히 회신을 하는 것이 에티켓을 지키는 방법이다.

내부기안문서는 주로 의사결정을 하는 용도로 많이 사용한다. 이 경우 실무담당자가 기안을 하고, 중간관리자를 거쳐 의사결정자가 승인을 한다. 이 절차를 조금 다른 관점에서 바라보면 관리자는 결재만 기다리는 구조임을 알 수 있다. 이 구조가 지속되면 관리자가 공문서를 직접 창조해낼 수 있는 능력은 현저히 떨어지게 된다. 경험과 판단력으로 비교하면 실무담당자보다 관리자가 기안을 하는 것이 더 낫지 않을까? 이러한 생각에 불편함을 느끼는 것은 우리가 위계적 관료조직에 너무 익숙해져 있는 탓일 수 있다. 아래에서 위로 올라가는 공문서 절차는 위계적 관료조직과 잘 결합된 의사결정 방식이다. 모두에게 승인을 받아야 하는 이 절차는 다수결 원칙이 아니라 만장일치 의사결정 방식에 가깝다. 그래서 결재 과정 중에 창의적 생각은 깎이고 평범한 생각만이 남게 될 가능성이 크다. 더 큰 문제는 최종 결재까지 이르지 못하는 문서는 조직의 어디에도 남아 있지 않다는 것이다. 창의적 생각이 더 보태질 수 있는 결재 방식, 그리고 채택되지 못한 공문서도 조직의 창고에 소중히 보관될 수 있는 대책이 필요하다. 그 안에 혁신의 열쇠가 담겨 있을 수 있기 때문이다.

학문의 세계에서는 논문이 행정조직의 공문서와 같은 소통 도구가 된다. 논문을 통해 지식에 지식을 보탠다. 반면 공문서의 생산과 소통 구조는 논문의 수평적이고 열린 구조와는 너무나 대조적이다. 만약 논문을 공문서의 형식과 절차에 가두어버린다면 학문의 세계는 죽음에 이르게 될 것이다. 그렇다면 관료체계에서 가져온 공문서는 애초부터 대학에 어울리지 않은 도구가 아니었을까? 공문서가 논문의 장점을 벤치마킹해보는 것은 어떨까? 조직 소통의 도구를 바꾸면 구성원의 생각이 열리고 조직의 구조가 변화될 수 있다. 대학 행정조직의 공문서가 이대로 좋은지 한 번쯤 생각해 볼 일이다.

행정문서는 결재하고자 하는 문서 내용과 결재 절차를 구분해서 개선방안을 찾아야 한다. 회람하는 문서는 결재순서를 없애도 될 것이다. 의사결정이 필요한 문서는 결재 이전에 관련 회의 등을 통해 협의하여 조정을 완료하고, 결재는 이를 완료하는 절차로 활용하여 결재선을 단순화해야 한다. 사전 회의 없이 결재 과정에서 의사결정을 하는 것은, 회의실에서 논의할 일을 길거리에서 한 사람씩 순서대로 만나서 논의하는 것과 같다.

행정문서 중에서 창의적인 생각이 담긴 기획 문서는 특히 관료적 틀에 갇혀 사라지지 않도록 해야 한다. 기획 문서는 일종의 행정 분야 논문이라고 할 수 있다. 따라서 행정문서의 틀을 깨고 과감하게 논문의 형식을 빌리는 것도 고려해보면 좋겠다. 논문은 저자의 연구 활동을 보장하고 저널에서 심사하여 게재 여부를 결정한다. 그리고 저널에 게재된 논문은 색인 및 인용 정보를 데이터베이스화하여 공유 및 평가된다. 이와 같은 논문 체계는 지식의 축적과 소통 활용 방식이 뛰어나 학문과 과학기술 발전에 중요한 역할을 하고 있다. 반면 행정문서는 결재가 완료된 순간 열람이 제한되어 기존의 행정 지식을 활용하고자 하여도 찾을 수 없고 형식도 제각각이다. 그래서 행정문서를 기획할 때 이전의 체계화된 행정지식을 바탕으로 작성할 수 없어 시행착오가 반복된다.

15. 부분과 전체, 그리고 통찰

연말이 다가오면 대학은 한 해를 결산하고 새해 예산을 준비한다. 집행된 예산이 어떻게 쓰였는지, 한정된 재원을 어떻게 배분하고 관리할 것인지 결정하는 가장 중요한 시기이기도 하면서 대학의 전체적인 행정역량을 엿볼 기회이기도 하다. 그동안 각 부서는 배정된 예산안에서 한 해 동안 잘 관리해왔을 것이다. 이러한 관리능력은 조직의 부분 역량이라 할 수 있는데, 이러한 업무를 관리하기에는 분야별로 전문성을 갖춘 관료제가 적합하다. 하지만 예산 정책을 수립해야 하는 시점에서 절실한 것은, 이러한 관리능력보다는 각 부분을 유기적으로 통합하여 이를 다시 배분할 수 있는 조직의 통찰역량이다. 이 통찰역량은 부분 능력과는 달리 전체를 보는 힘이고, 이 역량에 따라 조직 전체의 성과는 크게 달라진다. 부분 역량에만 의존하여 예산을 수립하게 되면 투입되는 예산은 단순히 각 부서의 산술적인 합이 되고, 투자한 예산에 비해 그 성과는 미미할 것이다. 반면 조직이 통찰역량을 갖추고 있다면 각 부서에서 요구하는 예산을 합한 것보다 더 효율적으로 예산을 편성할 수 있고 투자한 예산에 비해서 그 성과는 훨씬 클 것이다.

하지만 조직이나 구성원 각자가 통찰역량을 얻기는 점점 더 어려워진다. 그것은 관료제의 기능이 더 세분되고 고도화될수록 조직의 유기체적 기능은 상대적으로 더 약화하여 전체를 조망하기가 더 어려워지기 때문이다. 그렇게 되면 조직 전체의 목적은 희미해지고 수단으로서의 부분적 기능만 더 기형적으로 강화되기가 쉽다. 니체는 '한 가지만을 너무 많이 가지고 있을 뿐 다른 모든 것은 결핍된 자들, 예컨대 하나의 커다란 눈, 혹은 하나의 커다란 주둥이, 혹은 하나의 커다란 배, 혹은 그 밖의 커다란 것 이외에는 아무것도 가지지 않은 자들, 이런 자들을 나는 전도된 불구자라고 부른다.'라고 했다(『차라투스트라는 이렇게 말했다』). 우리가 관료제의 한계에 갇혀 이를 극복해내지 못하면 니체가 말한 그 모습이 바로 우리의 자화상이 될 수 있다. 그렇지 않기 위해서는 각 부서나 구성원이 조직에 대한 통찰을 통해 전체의 모습 안에서 조화를 이루려는 노력이 필요하다.

통찰역량은 자신의 전문성에 대한 깊이를 더해주고, 나아가 타자 또는 다른 조직을 이해하고 소통할 수 있는 보편성을 강화하는 힘이 된다. 이러한 보편성은 여러 단계의 변화과정을 거쳐 확장되는데, 예산 분야 행정의 예를 통해 그 단계를 살펴보면 다음과 같다. 첫 번째 단계는 그 분야의 전문성을 바탕으로 전체를 조망할 수 있는 인식역량을 확보하는 것이다. 이 단계에서는 어떤 대상을 자신의 회계 관점에서 주관적으로 인식한다. 그래서 다른 부서와 갈등 관계를 해소할 공통적인 분모를 찾기가 어렵고 다툼이 발생할 수밖에 없는 한계가 여전히 존재한다. 두 번째 단계는 대학 행정 전체의 관점에서 인식하는 역량을 확보하는 것이다. 이 단계에 이르면 자신의 전문성에 대한 주관적 관점을 내려놓고 객관성을 유지하게 되고, 다른 부서의 목적과 조화를 이루게 된다. 하지만 이 단계에서도 행정의 기능적 관점을 벗어나기 어렵고, 조직의 궁극적인 목적을 인식하기가 어렵다는 한계가 있다. 세 번째 단계는 이 기능적 관점을 벗어나서 조직 전체를 조망하고 하나의 생태계 관점에서 온전한 생명체로 인식하는 것이다. 이 단계에 이르면 행정을 할 때 대학의 궁극적 목적인 교육과 연구를 항상 중심에 두게 된다. 그리고 예산뿐만 아니라 대학 행정 자체가 대학의 고유 목적을 달성하기 위한 하나의 수단이라는 점을 이해하고 올바른 쓰임을 알게 된다. 이러한 변화과정 이후의 대학 행정은 교육과 연구를 관료제 울타리 안으로 끌고 들어와 가두지 않게 되고, 오히려 행정이 교육과 연구를 위해 스스로 무한 변신을 하게 된다.

행정을 통해 조직을 운영하는데 예산 배분과 관리는 가장 중요한 정책 수단 중의 하나이다. 예산의 실패 요인 첫 번째는 기획과 예산의 분리 현상이다. 조직에서 일 년 내내 수없이 전략 회의를 가지지만, 정작 예산편성 때가 되면 예산팀 생각대로 짠다. 예산사정이 좋지 않으니 전년 대비 10%씩 삭감해 달라고 요청은 있어도 조직의 전략을 기획하는 부서의 목소리는 들을 수 없다. 기획과 예산의 분리는 예산 낭비뿐만 아니라 예산이 투자가 아닌 비용으로 쓰이게 된다.

예산의 실패 요인 두 번째는 예산을 부서별로 나누는 것이다. 부서별로 예산을 쪼개면 예산 관리가 편하다. 이른바 예산 편의주의라 할 수 있다. 사무실 비품 예산을 10개의 부서별로 나누어 예산을 배정한다면 각 부서는 약간의 여유를 두고 예산을 신청해서 배정된 예산만큼 모두 지출하려고 노력한다. 이처럼 비품 예산뿐만 아니라 부서별로 배정된 예산은 어느 정도 예산 편의주의에 따른 비효율이 발생한다. 연구자도 마찬가지이다. 1억 원짜리 고가 연구 장비에서 나온 연구 결과가 천만 원짜리 장비에서 나온 결과보다 월등하다는 것을 잘 알지만, 10명의 연구자는 각자 천만 원짜리 장비를 사서 실험을 한다. 이러한 예산은 통합 관리를 통해 예산을 절감하고, 비효율을 줄여야 한다. 따라서 예산은 부서별이 아니라 사업별로 편성해서 중앙에서 관리하는 것이 대체로 올바른 방향이다.

16. 정보를 구조화하는 일

"내가 잘할 수 있는 것은 정보를 구조화하는 일입니다." A 박사와 나는 처음 만났지만, 회의실에서 세 시간가량 대화를 나누었다. 그 많은 얘기 중에서 가장 인상이 깊었던 A 박사의 한마디였다. 우리 둘의 이야기 주제는 P 연구과제 지원에 관한 것들이었다. 하지만 둘 다 P 연구 분야를 전공한 전문가가 아니다. 그런데도 이 주제와 얽힌 여러 얘기를 열정적으로 나눌 수 있었던 것은 P에 대한 지원에 대해 구조화하는 방법을 이해하고 그러한 접근법으로 대화를 나누었기 때문이다. 대화가 끝나고 헤어지면서 A 박사는 그동안 업무 진행 과정에서 쌓인 스트레스가 어느 정도 해소되었다고 했다. 나도 마찬가지였다. 그것은 A 박사와 내가 서로 업무분장에 관한 이야기는 아예 꺼내지 않고 오로지 문제에만 집중했기 때문이다. 우리는 어느 부서에서 누가 이 일을 맡을 것인가에 대한 이야기부터 꺼내면 대화가 안 된다는 점을 서로 잘 알고 있었다. 해법을 먼저 찾고 업무분장은 나중이다. 이런 전제 조건에서 대화를 나누게 되면 상대방과 새로운 갈등을 만드는 것이 아니라 해법을 찾아가는 과정에서 스트레스를 해소하는 효과가 있다. 물론 우리는 P의 가치를 높일 수 있는 최선의 대안도 찾았다.

　해법보다 업무분장부터 먼저 논의하면 대화의 과정이 순탄치 않다. 서로 내 업무가 아니라고 등을 떠미는 논쟁 와중에 정작 해법 논의는 해 보지도 못할 가능성이 크다. 부서 간에 명확히 분업화가 되어 있는 것 같지만 현실 앞에 나타나는 사건들은 이를 여지없이 무너뜨린다. 문서상의 분업화는 땅의 영역표시처럼 잘 구획이 나누어져 있지만 해결해야 할 과제는 그 구획 안의 땅이 아니라 3차원 공간에서 출현하기 때문이다. 하늘에 떠 있는 실체를 2차원 영역으로 나누려 하는 것은 불가능한 일이다. 하지만 조직 속의 구성원은 항상 그 불가능한 일에 도전하려 한다. 이러한 방식으로 업무 영역을 구분하려고 하는 것은 서로 갈등을 증폭시킬 뿐이다. 더욱 심각한 것은 문제 해결을 위해 단 한 발자국도 나아가지 못한다는 점이다. 하늘에 떠 있는 비행기의 연료는 바닥을 드러내고 있는데 내 활주로에는 착륙할 수 없다고 서로 싸우고 있는 것과 다름없다. 이와 같은 상황은 당연히 조직을 위기로 몰아넣는다.

　내가 속한 부서가 업무를 회피하고자 할 때 사용하는 흔한 전략 중의 하나는, 우리는 그 정보를 다루는 부서도 아니고, 또 내가 그 정보를 잘 모른다고 하면서 그 일을 주관할 수도 도와줄 수도 없다는 논리를 펴는 것이다. 하지만 이 논리는 행정의 속성을 잘 이해하지 못한 궁색한 변명이다. 특히나 고도의 학문 세계를 탐구하는 대학에서 행정 구성원이 이러한 논리를 편다는 것은 스스로 존재 가치를 부정하는 것이다. 교수나 학생이 행정 사무실을 찾아오는 이유는 그들의 연구원이 돼 달라는 것이 아니다. 행정은 정보를 '잘 아는' 능력이 아니라, 정보를 '잘 구조화하는' 능력이 중요하다. 전자는 교수에게 후자는 행정인에게 더 필요한 능력이다. 이 능력을 통해 전자는 수직적인 특수성을, 후자는 수평적인 보편성을 지향한다. 이 수직과 수평의 교차점에서 행정의 존재 가치가 있다. 수직의 세계와 교차하지 않는 독립적인 행정은 무의미하다. 마찬가지로 다른 부서와의 관계에서 업무의 교차점이 없이 독립적으로 존재하는 부서나 업무 또한 무의미하다. 대상의 특수성만을 강조해서 나는, 또는 우리 부서는 관련이 없다거나 모른다고 하면 부서나 구성원은 각자 고립된 섬이 되고 만다. 부서와 구성원은 수많은 교차점을 통해 서로 유기적으로 연결되어 하나의 플랫폼이 되어야 한다. 정보를 구조화하는 능력은 부서 간, 행정과 대상 모두를 연결하는 힘이 된다. 그 힘이 약하면 조직은 약해지고, 힘이 강하면 조직역량은 강화된다.

필자가 여러 팀의 팀장을 겸직하게 되어 기존에 자료실로 쓰던 조그만 공간으로 옮겼다. 자리를 잡고 며칠을 근무하면서 문 앞에 붙어 있는 '407호 자료실'이라는 문패가 마음에 걸렸다. 이 방의 이름을 무엇이라고 바꿀까? 며칠을 고민한 끝에 '개념설계실(Concept Design Lab)'이라고 정하고 문패를 달아붙였다. 이 명칭의 의미는 "이 방에서 앉아있는 팀장이라고 하는 나의 역할이 뭐지?"라는 나 자신의 질문에 대한 답이었다. '개념설계'라는 단어는 『축적의 길』을 쓴 이정동 교수의 강연에서 힌트를 얻었다.

개념설계실은 항상 팀원들이 찾아온다. 팀장인 나는 팀원과 테이블을 사이에 두고 마주 앉아 팀원의 현안을 들으면서 정보와 사건을 머릿속에서 열심히 구조화한다. 행정에 대한 개념을 설계하는 것이다. 때로는 같이 상의를 하면서 테이블 옆의 대형 모니터에 개념을 그려간다. 이런 과정을 몇 차례 반복하다 보면 팀원과 팀장 사이에 문제를 풀어나가는 방법을 자연스럽게 익히게 된다. 이런 논의에는 질타와 일방적 지시는 없다. 현안이 있으면 서로 문제를 구조화해서 해법을 찾으려 한다. 해답을 찾으면 그에 대한 작은 희열을 느낄 수도 있다. 문제가 즐거움으로 전환된다.

가끔 외부에서 손님이 방문한다. 개념설계실 문패를 보고 호기심을 느끼면 문 앞에 서서 수다를 조금 떤다. 그러면 이후의 대화는 대체로 성공적으로 마무리된다.

17. 행정의 속도

　분업화된 관료조직에 갇혀 같은 업무를 반복하다 보면, 행정이 혼자서 끝까지 달려야 하는 마라톤 경기처럼 느껴질 수 있다. 각자의 일은 누구도 대신해 줄 수도 없는 고유의 전문화된 업무 영역이고 혼자서 감당해야 한다. 하지만 부서 또는 개인의 분업화된 업무는 조직의 목적을 위한 수단에 해당한다. 목적은 하나의 프로젝트(이하 P) 단위로 구체화 되는데, P는 어느 한 부서나 개인이 결과를 만들어 낼 수 있는 일이 아니다. P는 A 부서(또는 구성원)에서 B로, B에서 C로 이어지는 협업을 통해서 원하는 목표지점까지 도달할 수 있다. 물론 실전에서의 협업은 순차적인 단선 구조가 아니라 여러 부서가 복잡한 협업 관계를 형성하고 동시다발적으로 도움을 주고받으며 진행된다. P라는 목적 중심의 관점에서 보면 행정은 고독한 마라톤 경기가 아니라 배턴을 이어받아 달리는 릴레이 경기와 닮았다고 할 수 있다.

　릴레이 경기는 이어받는 주자가 달려오는 주자의 속도를 떨어뜨리지 않고 배턴을 넘겨받는 기술이 매우 중요하다. 다음 주자가 가만히 서 있다가 배턴을 받은 후에야 뛰기 시작한다면 꼴찌를 면하지 못할 것이다. 마찬가지로 행정에서 P의 성과에 영향을 미치는 중요한 요소는 협업 파트너 사이의 협업 속도가 매우 중요하다. A의 마음은 급한데 B는 상대적으로 느긋하게 처리하고, 그리고 C는 아예 서류를 묵혀두고 시간이 되는대로 처리해주겠다고 생각을 하고 있을 수 있다. 이처럼 P의 협업에 참여하는 각 파트너의 속도는 제각각이다. 결국 P에 대한 행정의 속도는 가장 느리게 가는 C의 속도를 넘어설 수 없다.

행정의 속도 차이는 목적을 공유하는 정도와 상관관계가 있다. 목적을 공유하는 정도만큼 협업 파트너 간의 속도는 빨라진다. 목적 공유 정도가 약해질수록 협업 속도는 점점 느려지고, 목적을 전혀 공유하고 있지 않다면 남의 일처럼 귀찮은 존재가 될 것이다. 릴레이 경기 주자들이 열심히 뛰는 이유는 서로 뚜렷한 목적을 공유하기 때문이다. 그래서 주자들이 서로 최대한의 속도를 유지하면서 배턴을 넘겨받으려 노력한다. 하지만 행정은 협업 도중에 배턴(목적)을 자주 잃어버린다. 목적 공유가 되지 않으면 협업 과정에서 행정의 속도에 대한 개념도 사라진다. 하지만 행정에서 목적을 공유한다는 것이 말처럼 쉽지 않다. 릴레이 경기에서는 하나의 배턴만이 존재하지만, 행정 현장에서는 다루어야 할 P의 숫자가 많고 어디에서 받아서 어디로 넘겨줘야 하는지 명확하지 않다. P는 갑자기 나타났다가 사라지기도 한다. 따라서 협업 속도를 높이기 위해서는 P라는 목적과 이를 달성하기 위한 협업 관계 구조를 명확하게 설정하는 것이 중요하다.

행정의 속도는 부서 또는 구성원이 P를 이끌어가는 주체가 될 것인지 아니면 끌려다니는 객체가 될 것인지를 가름하는 중요한 요인이기도 한데, 상대적으로 속도가 빠른 쪽이 상황을 주도하게 된다.

상하 관계의 구성원 간에도 마찬가지다. 지위가 낮더라도 상사보다 앞서 목적을 향해서 나아간다면 상황을 주도적으로 이끌게 되고, 상사는 후방에서 든든한 지원군이 되어 줄 것이다. 그렇지 않다면 상사로부터 항상 채근을 받는 부하직원이 될 것이다. 조직의 속도에 적응하지 못하고 너무 뒤처진다면 조직의 성과에도 악영향을 미칠뿐더러 조직에서 이탈될 가능성이 크다. 반대로 너무 앞서 달리면 협업 파트너들과의 속도 차이가 저항으로 작용한다. 조직의 목표는 혼자서 이룰 수 없다. 혼자만의 속도가 아니라 함께 만든 전체 속도가 중요하다. 따라서 때로는 속도가 더딘 협업 파트너를 위해 페이스메이커 역할이 되어 주어야 한다. 협업 파트너와 서로 속도를 맞추어 높여간다는 것은 조직이 목적을 위해 한 팀이 되어간다는 좋은 신호다. 협업의 속도는 행정의 속도이고, 속도는 곧 행정의 역량이다.

행정의 속도 차이는 목적에 대한 인식 차이에서 발생한다. 대학 행정 조직의 각 부서는 대학의 목적(교육과 연구)에 따라 지원부서와 목적부서로 나눌 수 있다. 교육과 연구 수행을 위한 직접적인 부서가 목적부서(1차 조직)가 되고, 이 목적과 어느 정도 거리가 있는 일반행정은 지원부서(2차 조직)라고 할 수 있다. 목적부서는 목적을 바로 앞에 두고 있어 뛰어야 하는데 지원부서는 목적 의식이 없어 멈추어 서서 기다리게 된다. 조직의 속도가 지원부서에 맞춰 걸어 가든, 목적부서에 맞춰 뛰든 어느 쪽이 될지는 조직 역학관계에서 따라 정해질 것이다.

관료조직은 일반적으로 지원부서가 목적부서를 통제하는 역학관계가 형성되고, 이는 행정의 속도를 떨어뜨리는 주요 원인이 된다. 서 있는 지원부서가 뛰는 목적부서를 제어하기 위해서는 자꾸 브레이크를 밟아서 속도를 낮추어야 한다. 관료조직은 다양한 제어기술을 발전시켜 왔고 이 기술을 사용해 타율적 체계·통제된 체계를 만드는 데 익숙해져 있다. 행정의 속도를 높이기 위해서는 이러한 조직의 역학관계를 전환해주면 된다. 목적조직이 앞서 이끄는 조직은 대화와 이해를 바탕으로 조직의 신경망이 연결되어 조직 전체가 하나의 살아있는 자율적 체계로 바뀐다. 그렇게 되면 조직은 목적을 공유하고 함께 느낄 수 있게 되어 행정의 속도를 높일 수 있다.

18. 행정의 적응

히말라야 8천 미터 산을 오르기 위해서는 고소 적응이 필요하다. 산은 절대적이어서 고소에 적응되지 않은 사람 누구에게도 정상을 허락하지 않는다. 만일 준비 없이 섣불리 오르려 했다가는 큰 화를 당할 수 있다. 일상과 직장의 환경도 분명히 다르다. 일상이 저지대 평지에서 생활하는 것이라면 직장은 산소가 희박한 고산지대 등산을 하는 것에 비유될 수 있다. 따라서 일상에서 직장으로, 즉 일상적이지 않은 환경으로 나갈 때는 반드시 적응 단계를 거쳐야 한다. 그렇지 못하면 고산병과 같은 '직장병'이 생길 수 있다. 이 병증이 심해지면 직장은 물론 일상의 삶에서도 적응하기 어려워진다.

고산병의 증상은 몸으로 바로 느낄 수 있다. 흔히 심한 두통과 함께 물 한 모금도 마실 수 없을 정도의 심한 헛구역질에 시달리게 된다. 이러한 증상이 나타나면 바로 낮은 지대로 다시 내려갔다가 서서히 고도를 높여 오르는 것을 반복하면서 몸이 고소에 적응되도록 기다려야 한다. 하지만 직장병은 몸으로 느낄 수 있는 증상이 아니어서 직장 부적응에 대한 위험은 잘 감지되지 않는다. 더구나 자신이 직장병 위험에 노출되어 있더라도 그 상태를 정상적인 상황으로 착각하기도 한다. 자신이 직장 환경에 적응하는 것이 아니라 직장 환경에 대한 인식을 바꿔 버리는 것이다. 그래서 직장병은 어쩌면 고소병보다 훨씬 위험할 수 있다.

산을 오르는 등산가에게는 정상이라는 하나의 뚜렷한 목표가 있고, 그 목표를 위해 최선을 다한다. 산은 등산가가 몰입할 수 있는 최적의 장소라 할 수 있다. 반면 직장은 일상의 삶 속에 혼재되어 있다. 또한 직장에서 추구하는 목표도 불분명할뿐더러 설혹 목표를 이룬다 해도 산의 정상에 오르는 것만큼 극적이지도 않다. 더구나 직장은 정상에 한 번 올라갔다 내려오는 한순간의 이벤트가 아니라 몇십 년을 걸어야 하는 길고 긴 여정이다. 이러한 환경에서 어떻게 일에 대한 목표를 발견하고, 또 그 목표를 위해 어떤 노력을 해야 할까? 누군가는 스스로 그 목표를 찾아내고 출근 시간에 맞추어 적응 준비를 한다. 그의 일상은 휴식이면서도 일을 위한 준비 기간이기도 하다. 이렇게 준비된 그의 업무 적응 곡선은 아침에 서서히 상승곡선을 그려 정점에 이른 후 저녁 퇴근 시간까지 최대한 유지된다. 이는 직장을 벗어나 일상의 삶으로 돌아가서도 긍정적인 영향을 주고, 이는 다시 직장을 위한 에너지로 연결된다. 자신이 이러한 선순환 흐름을 타게 되면 언젠가는 스스로 일에 대한 소명을 발견하게 될 것이다.

반면 직장 적응에 실패하게 되면 출근하는 발걸음이 무겁다. 지끈거리는 두통과 메스꺼움에서 헤매다 퇴근 후 저녁이 되면 불만이 가득한 부정적 에너지를 방출하게 된다. 그리고 아침이 되면 또다시 준비 없이 나서게 된다. 이러한 악순환은 직장과 일상의 균형을 무너뜨린다. 악순환을 벗어나는 길은 부정적 영향을 미치는 요인을 찾아 긍정적인 방향으로 바꿔 구체적으로 실천해 나가는 것이다. 우선은 일상과 직장은 반드시 고도 차이가 있음을 알아야 한다. 그 이후에 자신이 직장 적응 상태인지 스스로 파악해야 한다. 적응이 되어 있지 않다고 판단되면 꾸준히 적응 훈련을 해야 한다. 좋지 않은 선택은 직장 부적응이 습관이 되고, 스스로 그 상황을 합리화하는 것이다. 이러한 부적응 개인이 다수가 되면 조직 자체가 무기력해지고, 적응된 조직이 오히려 적응된 개인에게서조차도 에너지를 빼앗아간다.

몸이 고소에 적응하면 한동안은 유지된다. 그래서 고산 등반가는 이 적응 기간을 고려해 연속적으로 높은 산을 도전하기도 한다. 직장은 한번 적응하면 더 오래 유지된다.

우리는 매일 일상에서 직장으로, 다시 직장에서 일상의 세계를 오간다. 이렇게 하루하루 현실을 따라 살아가다 보면 삶의 의미를 잊게 된다. 문뜩 '내가 이렇게 살아도 되나?' 하는 순간 잠시 현실을 벗어나 긴 한숨을 쉬고 삶의 의미를 다시 생각할 필요가 있다. 하루하루의 목표를 때때로 삶의 목적에 비추어 방향을 재설정하는 것이다. 하지만 관료조직에 갇혀 있다 보면 삶의 목적을 생각하기가 쉽지 않다.

조직은 직장 적응의 문제를 개인의 몫으로 남겨둬서는 안 된다. 어떤 면에서 보면 관료조직은 거대한 회계집단이다. 모든 것이 회계적으로 분석되고 관리된다. 하지만 조직 속의 구성원 각자의 삶은 회계적으로 분석되지 않는다. 회계의 관점으로만 구성원을 이해하려고 하는 것은 음악 없이 뮤지컬 공연을 보는 것과 같다. 극의 이야기도 전혀 모르고 귀를 막고 무대 위 배우 동작만을 보고 있으면 그 배우의 몸짓은 매우 이상하게 보일 것이다.

조직 속의 개인은 회계적으로 분석할 수 있고, 대체가 가능한 기능적 부품으로 인식되는 존재가 아니다. 안타깝지만 조직은 아직도 개인을 부품화하여 한동안 성장해 왔고 그 속의 개인은 적응에 실패하고 떨어져 나갔다. 이제 그러한 시대는 지나가고 있다. 개인의 삶을 위한 조직, 구성원과 함께 성장하는 조직이 성장하고 있다. 일상이 직장이고, 직장이 일상이 되는 그런 사회가 다가오고 있다.

19. 비움과 느슨함이 흐름(FLOW)을 만든다

   평소처럼 사무실 동료들과 점심을 하기 위해 나가던 중에 위층 D 부처의 K 처장을 비롯한 직원 일행을 만났다. '같이 점심 할까요?'라는 K 처장의 제안에 두 부서는 함께 근처 식당으로 향했다. D 부처의 H 부장이 화두를 꺼냈다. D 부처 신입직원 두 명을 2개월 동안 직무교육 후, 담당업무와 관련된 K 부처로 보내 근무하게끔 할 계획이라는 것이다. H 부장은 '직원들이 소속 부서 내에서만 머물지 말고 업무 현장에 가서 근무했으면 좋겠다'라는 필자의 소신을 잘 알고 이 이야기를 꺼낸 것이다. 필자는 적극적인 지지 의사로 박수를 보냈다. 그리고 '강한 연결'도 필요하지만 '느슨한 연결'이 소통의 열쇠가 될 수도 있다는 의견을 보탰다. 느슨한 연결에 대해 물리학을 전공한 K 처장이 공감을 표하며 숫자 퍼즐을 예로 들어 이야기를 이어갔다. 숫자 퍼즐은 모든 공간이 숫자로 다 차 있는 것이 아니라 한 칸이 비어 있어서 흩어진 숫자를 재조립할 수 있다는 것이다. 그러면서 역시 이공계 시각에서 2000년 노벨화학상을 받은 '전도성 고분자'의 원리도 숫자 퍼즐 원리와 같다는 이야기를 덧붙였다. 필자가 사무실로 되돌아와서 검색해 찾아본 전도성 고분자의 원리를 요약하면 이렇다. '고분자(플라스틱)에서 한 개의 전자를 제거해 전기적 구조에서 구멍을 만들면 이웃하는 원자로부터 전자가 빈 구멍으로 뛰어들어오고 또다시 새로운 구멍이 생기게 된다. 전자가 부족한 구멍은 양전하에 해당하고 사슬에 따라 구멍이 이동하여 전류를 발생시킨다.'

조직 경쟁력 강화를 외치다 보면 자칫 부서 내에서의 강한 연결만을 강조하기 쉽다. 같은 구성원끼리만 업무 유대관계를 가지고, 같이 식사하고 단합대회를 한다. 이처럼 각 부서는 각자 내부 응집력을 강화하고 자기 목표를 위한 업무로 꽉꽉 채운다. 하지만 조직 전체 차원에서 보면 부서 내 강한 응집력이 오히려 부서 간 소통을 방해해서 조직을 경직되게 만드는 원인이 된다. 이것은 전기가 통하지 않는 플라스틱과 같다. 따라서 조직은 부서 응집력을 강화하면서도 전체 조직이 경화되지 않도록 하기 위한 구체적인 행동을 해야 한다. 그 행동 중의 하나로 각 부서에 다른 부서의 누군가를 위한 빈자리 하나를 마련하는 것도 좋은 방법이다. 그렇게 되면 조직을 '전도성 고분자'처럼 소통하게 할 수 있다. 모든 부서가 각자 빈자리를 만들 필요는 없다. 고분자에서 한 개의 전자를 제거하면 되듯이, 어느 한 부서(A)에서 먼저 빈자리를 만들어 다른 부서(B)의 누군가(e)를 받아들이면 연쇄적으로 빈자리가 생겨 소통할 수 있게 된다. 여기에서 중요한 점은 e가 본연의 특성을 잃어버리지 않아야 한다는 점이다. 시간이 지나서 e가 B 부서 고유의 업무 능력을 잃어버리고 A 부서의 업무 능력으로 변화된다면 빈자리로 이동한 목적이 사라진다. 그래서 e는 고유의 업무 능력을 강화하면서 A와 B 부서 사이에서 느슨한 연결 역할을 하는 것이 중요하다. 자연과학에서 전자(electron)의 특성은 변하지 않지만, 사회 조직에서는 구성원(e)이 그

고유의 특성을 유지하면서 부서를 넘나들기는 매우 어렵다. 그래서 조직은 전자 역할을 할 수 있는 구성원을 계속 양성해서 공급해야 한다.

　필자의 강의 노트에는 숫자 퍼즐 사진이 이미 있었다. '부서나 구성원은 창의적인 생각과 소통을 위해 자기 능력의 10% 정도는 여유 공간으로 확보하고 있어야 한다'라는 필자의 생각을 누군가에게 설득하기 위해서다. 그런데 K 처장은 내 강의 노트를 엿보기라도 한 듯이 숫자 퍼즐 이야기를 꺼냈고 거기에 과학적 이론을 보태주었다. 필자에게는 고마운 선물이다. 우연히 만난 점심시간이 사회과학적인 현장의 문제를 자연과학으로 풀어내는 융합의 즐거움을 맛보게 해 준 자리가 되었다. 이 또한 느슨한 연결의 힘이 아닐까.

전도성 고분자처럼 조직에 흐름을 만들기 위해서는 구체적인 방법을 찾아 끊임없이 실천해야 한다. 흐름에는 그만큼의 투입 에너지가 필요하기 때문이다. 직원들이 뻥 뚫린 넓은 사무실에 무작위로 배치된 책상에 앉아서 근무할 수 있는 조건을 만들어주어도 좋겠다. 나아가 개인별로 지정된 책상을 없애고 먼저 출근한 직원부터 자유롭게 앉을 수 있도록 시도해보는 것도 좋겠다. 다른 팀의 동료와 협업해야 할 일이 있으면 며칠간은 그 동료를 바로 옆 책상에서 같이 근무하면 더 좋지 않을까? 예를 들면 수강 신청 기간에 수업팀 직원과 시스템을 담당하는 정보처 직원이 한 장소에서 대응하면 신속하게 대응할 수 있을 것이다.

교수연구실을 무작위로 배정하는 것은 어떨까? 전공이나 서열과 관계없이 무작위 배치하는 정책은 서로 원칙만 합의하면 가능하다. 융합대학원을 신설했을 때 교수들이 이 원칙에 동의하고 무작위로 교수연구실을 배치했던 경험이 있었는데 나름대로 성공적이었다. 더 나아가 교수연구실을 단과대학, 학과를 넘어서 무작위로 배치하면 어떨까? 다른 학문을 하는 교수 간에 우연한 만남의 기회는 많아지고 세렌디피티(serendipity) 가능성은 훨씬 커질 것이다. 흐름을 만드는 노력이 실패해도 좋다. 조직의 흐름이 끊겨 경직되는 것을 막기 위한 노력은 계속되어야 한다.

20. 행정의 공유

　어떻게 하면 팀 장벽을 극복하고 소통의 흐름을 만들 수 있을까? 관료조직 속의 각 팀은 각자 자신의 전문성을 높이 쌓아가는 일에 익숙하다. 하지만 각 팀을 횡단해서 소통하기 위한 서로의 노력과 행정적 기술은 상대적으로 부족하다. 소통은 교각 위에 교량을 놓아 다리를 만드는 일과 같고, 이는 고도의 기술과 노력이 필요하다. 각각의 교각은 기껏해야 징검다리 역할밖에 하지 못한다. 그 교각 위에 교량이 놓여 연결되어야 비로소 길이 된다. 각 팀을 연결하는 교량은 행정 자원의 공유를 통해서 만들어질 수 있다. 그 공유 자원은 구체적으로 팀원과 팀장이 될 수 있고, 나아가 공유의 거점이 될 수도 있다.

　첫 번째, 팀원을 통한 행정의 공유 방법을 생각해보자. 일반적으로 팀원은 어느 한 팀에 소속되어 그 팀 업무에 100% 시간을 전념하고, 같은 팀 공간에서 근무한다. 팀원을 통한 소통의 방법은 이 두 가지 조건에 전략적으로 변화를 주는 된다. 이는 팀원이 관련된 다른 팀까지 업무 영역을 확장해서 멀티 플레이어로 성장할 수 있는 제도적 기반을 마련해주는 것이다. 한 직장에서 평생을 근무하거나 한가지 전문성만으로 경쟁력을 유지하는 시대는 지났다. 팀원 스스로 다양한 전문 분야를 개척하고 및 연결하여 활용하는 능력이 무엇보다 중요하다. 조직도 이에 맞게 멀티 플레이어를 양성할 수 있는 구체적이고 정교한 행정전략을 만들어 실천해야 한다. 역할 배분뿐만 아니라 책상 및 공간의 공유 혁신도 뒤따라야 한다. 하나를 변화시키려면 또 다른 분야에서 제2, 제3의 변화가 필요하다. 그렇지 않으면 멀티 플레이어 인재는 다시 원점으로 회귀해 팀에 갇히는 신세가 될 것이다.

두 번째, 팀장을 통해 행정의 연결고리를 만드는 것도 좋은 전략이 될 수 있다. 구체적으로는 부처 경계를 넘어 팀장 겸직을 하는 방법이다. 예를 들면 팀장을 A 부처와 B 부처의 한 팀씩 겸직하도록 하는 것이다. 이러한 팀장 공유는 A와 B 부처뿐만 아니라 B와 C, C와 D 등 연쇄적으로 겸직함으로써 모든 부처가 처장, 팀장이 서로 부분 교차 연결되는 구조를 만들 수 있다. 이와 같은 부처 경계를 넘는 팀장 발령은 처장과 팀장 관계를 변화시킨다. 처장은 팀장의 시간을 100% 독점할 수 없고, 팀장은 여러 부처의 처장을 위해 시간을 배분하여야 한다. 팀장의 공유는 팀원의 공유와 같은 개념이지만 그 효과는 서로 다른 영역에서 발휘된다. 팀원의 공유는 실무자 그룹에서, 팀장의 공유는 관리자 그룹에서 그 효과가 더 크게 나타난다. 이러한 공유 전략은 구성원 간에 횡적인 연결 관계와 그에 따른 교차 지점이 많아지게 한다. 선은 소통의 교량을 튼튼하게 하고, 교차 지점은 조직의 새로운 에너지를 만드는 공간이 된다.

세 번째 행정의 공유 방법으로 팀 자체를 공유하는 전략을 생각해 볼 수 있다. 사회경제구조는 소유가 아니라 공유 가치를 높이는 방향으로 빠르게 재편되고 있다. 속도 차이는 있겠지만 대학 행정도 같은 방향으로 조금씩 변화해가고 있다. 이러한 사회변화 속에서 학과별로, 단과대학별로, 연구소별로 인사관리, 행사, 회계 등과 같은 행정지원 기능을 독점하고자 하는 구조를 되돌아봐야 한다. 행정 조직이 특정 조직에 전속되어 부수적인 위치에 놓이게 되면 행정이 전문화된 서비스 영역으로 발전하기 어렵고, 이것은 결국 대학 경쟁력에 발목을 잡는 요인이 될 수 있다. 혁신은 관료조직의 일반적 공유 방식과 속도를 뛰어넘는 지점에 있다. 작고 구체적인 일부터 시작해서 공유 경험을 축적해 나가야 한다. 가까운 미래에 복수의 행정지원 플랫폼이 등장해 선의의 경쟁을 할 것이고, 그 서비스 대상은 단일 캠퍼스를 넘어 확장될 수도 있을 것이다. 그 변화의 바람은 이미 대학 외부에서부터 먼저 불어오고 있다.

사회 구조는 소유에서 공유의 개념으로 빠르게 전환되고 있다. 이 흐름은 작은 업무 단위에서부터 거대한 사회 조직에 이르기까지 전 분야에서 일어나고 있다. 대학의 행정도 이 흐름에서 벗어날 수 없다. 작게는 팀원, 팀장에서부터 팀을 공유하고, 크게는 대학 행정 자체가 대학 간에 공유되고 있다. 대학은 행정 시스템을 자체 개발하기보다는 기업 프로그램을 구독하고 데이터관리는 기업의 클라우드를 이용하고 있다. 교육은 전공을 중심으로 공유대학이 활성화되고 있고, 연구 장비의 공유 속도는 더욱 빠르게 진행되고 있다.

나아가 대학 캠퍼스 자체가 기업이나 사회를 위한 공유 공간으로 바뀌어 가고 있다. 캠퍼스는 이제 특정 대학의 교육과 연구 공간이 아니라 기업 캠퍼스이기도 하고, 지역사회 공간이기도 하고, 누군가의 창업 공간이기도 하다. 대학도 사회 공간으로 확장되어 간다. 인근 지역으로 캠퍼스타운으로 만들어 대학의 경계를 넓혀가고, 실험실이 사회 현장으로 파고들어 살아있는 실험실, 즉 리빙랩(Living Lab)을 만들어 가고 있다. 미네르바 대학은 아예 사회 공간을 캠퍼스 공간으로 활용한다. 이처럼 사회는 대학을, 대학은 사회를 공유 플랫폼으로 활용하고 있다.

다시 행정으로 되돌아와서 나의 일과 업무공간을 되돌아보자. 공유의 시대에 갑자기 사라질 것인지, 아니면 공유의 흐름을 타고 확장될 것인지 한 번쯤 생각해보면 좋겠다.

제3장

가능성의 자유

21. 가능성의 자유

다른 대학교와 교육과정을 공동 운영하는 것은 가능할까? 우선 관련 법령을 살펴보자. 고등교육법 제21조1항에 '학교는 학칙이 정하는 바에 의하여 교육과정을 운영하여야 한다. 다만, 국내대학 또는 외국대학과 공동으로 운영하는 교육과정에 대하여는 대통령령으로 정한다.'라고 본문과 단서 조항 두 문장으로 되어있고, 이 법의 시행령 제13조에 좀 더 세부적으로 규정되어 있다. 그런데 단서 조항 내용 중에서 한 가지 표현이 약간 거슬린다. 그냥 '다른 대학교' 라고 간단하게 표현하면 될 것을 군이 '국내대학 또는 외국대학'이라고 했을까? 국경이 없는 달나라에 대학교가 세워질 가능성을 염두에 둔 것인가? 물론 그렇지 않다. 법 조문 연혁을 살펴보면 그 이유를 유추할 수 있다.

고등교육법 제21조1항은 1997년 이 법이 제정될 당시에는 '학교는 학칙이 정하는 바에 의하여 교육과정을 운영하여야 한다.'라는 본문만 있었다. 이후 1999년 개정을 통해 이 조항에 '다만, 외국의 대학과 공동으로 운영하는 교육과정에 대하여는 대통령령으로 정한다.'라는 단서 조항이 붙었다. 그리고 2011년에 지금과 같은 내용으로 개정됐는데, 정부가 공표한 개정이유는 '국내대학과 외국대학 간 뿐만 아니라 국내대학 간에도 교육과정을 공동으로 운영할 수 있도록 하기' 위함이라고 했다. 다시 정리하면 대학은 다른 대학교와 교육과정을 공동 운영할 수 있는 자율권이 없는데 처음에는 외국대학에 한해서, 다음에는 국내대학과도 할 수 있도록 점진적으로 허용해 준 것으로 해석할 수 있다. 그래서 '국내대학 또는 외국대학'이라는 표현에서는 통제적 관점을 바탕으로 작용하는 일련의 흐름을 엿볼 수 있다.

하지만 필자의 관점은 다르다. 고등교육법 제21조1항의 본문 '학교는 학칙이 정하는 바에 의하여 교육과정을 운영하여야 한다.'라는 표현에는 두 가지 중요한 의미가 담겨 있다. 첫 번째는 교육과정 운영에 대한 권한이 대학에 있다는 것이고, 두 번째는 대학이 교육과정을 운영할 때는 학칙에 명시해서 하라는 것이다. 대학의 자율권에는 당연히 다른 대학교와의 교육과정 공동 운영에 대한 사항도 포함되어 있다. 다만 외국대학과의 교육과정 공동 운영은 국내대학과는 다른 특수성이 있어서 별도로 언급을 한 것이다. 상식적으로 봐도 대학이 교육과정의 운영에 대한 포괄적인 자율권을 가지는 것은 당연하다. 하지만 2011년에 '국내대학 또는 외국대학'이라는 표현으로 단서 조항이 개정됐다. 이것은 대학이 본래 가지고 있던 권한을 다시 부여하는 모양이 되어 결국 본문에서의 대학의 자율권을 침해하는 결과가 되었다. 그래서 법 개정 이후에는 대학에 자율권이 무엇인지 누구도 확실히 말할 수 없게 되었다. 이것은 작은 섬을 주고 바다를 빼앗은 것이나 다름없다.

이러한 결과는 관점의 차이에서 발생한다. 하지만 관점은 문구가 아니라 않고 맥락으로 파악된다. 교육과정 운영을 포함한 대학의 학문의 자유에 대한 관점도 마찬가지다. 아무리 찾아봐도 그 자유에 대해 법은 명쾌하게 대답해 주지 않는다. 학문의 자유를 몇 줄로 기록할 수 있는 것이 아니지 않는가? '국내대학 간 교육과정 공동 운영 정도는 허락해 줄게'라는 방식의 자유는 부모가 어린아이를 대하는 관점이다. 대학은 미지의 세계, 다가오지 않은 미래를 개척해야 할 사회적 의무가 있다. 그러기 위해서는 대학이 마음껏 상상하고 실현할 수 있도록 해 주어야 하고 법은 그 뒤를 따라서 믿고 받쳐주려는 열린 관점이 필요하다. 장자(莊子)는 우리의 좁은 생각에 호통을 친다. "땅은 정말로 넓고 큰 것이다. 그렇지만 지금 당장 사람이 쓸모를 느끼는 것은 단지 자신의 발이 닿고 있는 부분뿐이다. 그렇다면 발이 닿는 부분만을 남겨두고 그 주변을 황천, 저 깊은 곳까지 파서 없앤다면 그래도 이 발이 닿고 있는 부분이 쓸모가 있겠는가?"

한 학생이 2개의 대학을 동시에 다닐 수 있을까? A와 B 대학을 번갈아 휴학과 등록을 하면서 다닐 수도 있지 않을까? A 대학 3년을 마치고 B 대학으로 학사편입을 한 후 B 대학 재학 중에 A 대학에 재입학해서 1년을 더 다닌후 A 대학도 졸업하고 B 대학도 졸업하는 것은 가능할까? A 대학원을 다니다가 다른 전공을 더 공부하고 싶어서 B 대학의 학부 과정에 입학해서 대학과대학원을 동시에 다니는 것은 가능할까?

　누군가 이러한 질문을 받으면 대부분 "이중 학적은 안 됩니다"라고 대답을한다. "왜 안 되죠?"라고 다시 질문하면 "당연히 안되죠."라고 한다. "안된다는규정이 있나요?"라고 세 번째 질문을 던지면 상대방은 머뭇거린다. 이러한 반응은 정확하지 않은 상식과 관행, 그리고 규정에서 하라고 하는 것 이외에는무언가를 해서는 안 된다는 포지티브 규제에 익숙해져 있기 때문이다. 실제로각 대학의 학칙에 어떻게 반영되어 있는지, 금지 조항이 있다면 언제부터 어떤이유 때문인지 전수조사를 해 보면 재미있는 결과를 알게 될 것이다. 그리고금지 규정이 있다면 그 규정이 타당한 것인지도 한 번쯤 생각해 보는 것도 좋겠다. 조금 관점을 바꿔 다음과 같이 질문한다면 어떤 답이 많을까? 'A 대학또는 대학원을 다니면서 B 대학 평생교육원 과정을 이수하는 것은 가능할까?'

22. 행정을 이해하는 관점

A 단과대학 건물에 있는 어느 한 강의실의 손잡이가 파손되었고, 이러한 시설물의 수리 업무는 본부의 B 부서에서 담당한다고 하자. 손잡이 수리를 위해서는 A 단과대학의 담당자는 B 부서에 전자문서로 요청을 하고, B 부서는 수리주기로 결정할 수도 있고, 다른 결정을 할 수도 있을 것이다. 이 행정 절차는 별로 흠잡을 데가 없이 당연한 것처럼 보인다. 하지만 전체적이고 시간적인 맥락으로 행정의 변화과정을 살펴보면 달리 보일 수도 있다. 또한 이처럼 작은 일 하나에 대해 몰입해보면 행정의 큰 구조를 엿볼 수도 있다. 그것은 작은 일 하나하나가 모여 전체 행정구조를 이루고, 마치 프랙탈처럼 그 각각의 작은 일의 구조가 행정 전체의 큰 구조와 서로 닮아있기 때문이다. 이러한 의미에서 필자는 이 작은 일을 앞에 놓고 몇 가지 관점에서 생각해보고자 한다.

① **지원업무가 통제업무로 역할이 전도되지 않았는가?** 그렇게 되면 능동적이고 자율적인 체계가 타율과 통제된 체계로 전환된다. 강의실 손잡이 수리가 원래 B 부서의 업무라고 한다면 B부서는 파손된 사실을 최대한 빨리 인지하고 수리하는 것을 목표로 해야 한다.

그렇다면 A가 B에게 문서로 요청하는 절차는 불필요하다. 하지만 이 행정 절차로 인해 어느 순간 B가 A의 요구를 들어줄까 말까 하는 통제적 위치로 바뀌어 버렸다. 이것은 소비자가 스마트폰 수리를 위해 서비스센터를 방문했는데 공문서로 수리 요청을 하라고 하는 것과 같이 이상한 일이다. 만일 이러한 방식으로 서비스센터를 운영하는 회사가 있다면 그 회사는 소비자로부터 외면당할 것이다.

② **통합적으로 관리되어야 할 업무가 분산되지 않았는가?** 그렇게 되면 조직의 전문성과 자원의 효율성이 떨어진다. 본부 부서가 통제 방식으로 업무를 계속하다 보면 손잡이 수리 업무도 결국 A 부서에서 떠안게 될 가능성이 크다. 이처럼 대학 본부 지원업무가 분권화라는 명목하에 단과대학으로 이관되는 현상은 행정 전반에 걸쳐 발생한다. 이는 본부 부서가 지원보다는 통제방식으로 업무를 하는 것이 더 편하기 때문인데 행정권한이 약한 단과대학은 고스란히 업무를 떠안을 수밖에 없다. 물론 단과대학은 본부 부서처럼 각 업무에 대한 전문성을 갖출 조건이 되지 않는다.

③ **다양성보다는 장소 및 소속의 획일성만을 추구하는가?** 그렇게 되면 조직의 소통과 융합은 더욱 어려워진다. B 부서의 수리 업무 지원을 받아야 하는 대상은 조직 전체이다. 그렇다면 B 부서 직원들이 특정한 장소에서만 모여 다른 부서의 문서만을 기다리고 있는 것이 최선일까? 매일 건물을 순찰하거나 아예 주요 거점에 분산해서 근무할 수는 없을까? 일의 현장보다는 부서의 동질성을 우선하려는 이와 같은 현상은 아주 일반적이다. 하지만 원스톱서비스센터는 왜 겉돌게 되는지, 정보시스템 지원은 왜 행정 현장에서 멀어져 있는지, 교수연구실은 왜 학과별로만 배치되어 있는지 다양한 분야에서 다양성의 문제를 한 번쯤 생각해 볼 일이다.

④ **위기대응체계가 관료적으로 이루어지지 않았는가?** 그렇게 되면 조직의 위기 대응 능력은 떨어지고 구성원의 업무 위험성은 높아진다. 강의실 손잡이 파손은 비교적 덜 위험한 상황일 수 있다. 그렇다면 화재와 같은 큰 위기 상황에 대응할 수 있는 위기관리시스템은 다른가? 아마도 현장에서 신속한 대처를 할 수 있는 특별한 시스템이 아닌 관료적 의사결정시스템의 늪에서 헤어나지 못하고 허둥댈 가능성이 크다.

⑤ **사람이 시스템에 종속되지 않았는가?** 시스템이 더욱 고도화될수록 사람이 시스템에 종속되는 현상은 더 심해지고 조직의 유연성도 떨어진다. A와 B의 담당자는 손잡이 파손 사실을 서로 인지하고 있고 어떻게 하면 되는지 안다. 하지만 행정은 더 이상 사람의 의지나 판단이 아니라 프로그램화된 시스템의 명령에 의해서만 움직이게 된다. 변화는 이러한 현상들을 인식하는 것에서부터 시작된다.

대학 행정 조직의 특징은 교수가 주요 보직을 맡는다는 점이다. 그래서 행정에서 최대 쟁점 중의 하나는 기존의 여러 보직 중에서 직원 처장을 어떻게 할당할 것인가 하는 것이다. 그러다 보니 총무처, 관리처 등 굳이 교수가 하지 않아도 될 것 같은 부처를 우선 생각하게 된다. 그렇다면 교무처나 연구처는 행정 능력보다 교육이나 연구를 잘하는 교수의 능력이 필요한 보직인가? 행정의 대상이 교육과 연구인 것이지 '행정' 능력이 필요하다는 점은 분명하다.

좀 더 과감한 발상의 전환을 해 보자. 대학 행정 보직은 모두 기본적으로 행정 능력이 필요하다. 그렇다면 교수와 직원이 애매하게 보직을 배분하는 것보다는 행정이라는 수단은 전문 행정인이 책임지고, 교육과 연구라는 대학의 목적은 교수가 주도하는 이원화 구조는 어떨까? 예를 들면, 교무처장은 전문 행정인이 맡고, 교원인사위원회, 교육과정운영위원회 등은 교수로 구성된 위원회 또는 교수의회에서 주도권을 쥔다. 이는 정부와 국회의 관계와 같다.

잘못된 조직 구조를 그대로 끌어안고 있으면 대학의 발전은 없다. 대학 조직의 거버넌스에 대한 공개적 논의가 많이 활성화되어야 한다. 교수가 행정 보직을 맡는다고 해서 대학 조직의 관료주의 문제가 해결되고 있다는 증거는 별로 보이지 않는다. 오히려 이중 구조로 인해 관료주의가 더 견고해지는 것은 아닌지 점검해 볼 필요가 있다.

23. 조직의 균형

　대학 조직을 기능이나 권한, 목적 등과 같이 여러 관점에서 살펴보는 것도 행정을 이해하는 데 도움이 된다. 먼저 기능적인 면에서 행정조직, 교육조직, 연구조직으로 구분해 볼 수 있다. 여기에서 행정조직은 교무처, 학생처, 연구처, 기획처, 사무처 등과 같이 대학 행정을 전담하는 조직을 말하는데, 일반적으로 대학 본관에 사무실을 둔 본부 부서를 중심으로 조직되어 있다. 하지만 이 행정조직은 대학의 근본 목적에 비추어 보면 2차적 목적의 조직이고, 1차적 목적의 조직은 교육이나 연구를 위한 조직이라 할 수 있다. 따라서 대학 행정의 역할과 나아갈 방향을 찾고자 한다면 교육조직과 연구조직에 대한 이해가 우선되어야 한다. 대학에서 행정은 독립적인 존재가 아니라 교육과 연구를 위한 수단이기 때문이다.

　대학의 교육조직은 교수와 학생이 주 구성원인 교육적 목적의 조직이며, 학과 조직을 기본단위로 해서 단과대학, 부총장, 총장으로 연결되는 계통조직으로 안정화되어 있다. 구성원은 어느 한 학과에 소속하게 되고 그 조직에서 부여되는 일정한 의무를 수행하나 그에 따른 보상 체계는 대체로 획일적이다. 이러한 요인들이 복합적으로 작용해 조직의 유연성이 떨어져 조직 간 융합이나 혁신이 쉽지 않게 된다. 결국 교육조직은 현실보다 변화 속도가 느리고, 외부의 힘에 의서 변화를 겪게 된다. 대학은 대체로 이러한 교육조직을 중심으로 조직화 되어 있고, 행정조직은 이를 견고하게 받쳐주고 있다. 대학이 교육기관이라는 측면에서 보면 당연한 것처럼 여겨진다. 하지만 대학을 연구조직의 관점에서 바라보면 그렇지 않을 수 있다. 연구조직은 연구를 목적으로 하는 연구자의 자율적 참여로 조직화 되고, 성과에 따른 보상 체계가 확실하다. 그리고 조직의 변화 속도는 최소한 현실과 같거나 앞서 있어 변화를 주도한다. 그렇지 못한 조직은 치열한 연구 경쟁에서 살아남지 못하고 도태될 것이다. 이러한 특성의 연구조직은 대학 조직에 아직 정착하지 못하고 있다. 연구 목적의 연구소나 사업단 단위 조직들은 대학에서 체계적으로 조직화 되어 있지 못할뿐더러 이러한 산발적 조직들이 대학 전체의 연구 역량을 담고 있다고 볼 수도 없다. 좀 더 진화의 과정을 거쳐야 대학에서 연구조직이 안정화 단계에 이를 것이다.

그동안 대학 행정은 전통적으로 교육조직을 지원하는 행정에 치중해왔고, 연구행정 전문가를 양성하는데도 인색했다. 그래서 연구조직은 늘 교육조직 그늘 아래 더부살이해왔다. 연구조직 성격이 강한 대학원 조직은 전통적 교육조직인 학부 조직에 얹혀있다. 교수도 연구조직보다는 교육조직에 소속되어 있는 것을 편안해한다. 자신의 소속감에 대한 애착은 대학원이나 연구조직에서보다는 학부의 학과에서 더 느낀다. 이런 환경은 연구의 융합이나 소통을 어렵게 한다. 연구조직 역량이 부족하게 되면 연구 분야는 계속 교수 개인이 감당해야 하고, 연구역량이 교육으로 이어지는 선순환 고리가 끊어진다. 조직역량 강화를 위한 대책은 연구자 개인이 아니라 행정의 구조적 문제에서부터 찾아야 한다. 대학은 교육과 연구라는 양 날개를 가진 하나의 몸통이다. 어느 한쪽만이 아니라 양 날개가 균형을 잡아야 몸통이 날 수 있다. 양 조직이 균형을 이루게 되면 대학은 연구조직이 앞서서 미래를 개척하고 교육조직이 안정적으로 뒤따르면서 뒷받침하는 안정적 구조가 될 것이다. 그러기 위해서는 대학은 연구행정에 행정역량을 더 투입해 연구조직을 강화해야 한다. 그 과정에서 연구조직이 가진 유연성을 잃어서는 안 된다. 반면 교육조직은 연구조직의 장점을 받아들여 체질을 개선하고 조직을 유연하게 변화시켜야 한다. 이 두 조직 사이에 대학혁신을 위한 수많은 열쇠가 숨겨져 있다. 그 열쇠를 찾아 두 조직을 하나의 대학 조직으로 만드는 것이 행정의 역할이다.

대학은 교원이 학기당 맡아야 하는 교과목에 대한 책임을 부과하는 책임수업시간 제도를 당연한 것으로 받아들인다. 하지만 연구 분야에서 책임수업시간과 같은 논리는 통용되기 어렵다. 연구자는 능력에 따라 연구과제를 수주하고, 그에 따라 성과 보상을 받는다. 능력과 관계없이 연구과제를 무조건 수행하도록 책임을 부과하지 않는다.

책임수업시간 제도는 교수에게 수업의 의무를 부과한다는 측면도 있지만, 능력과 관계없이 무조건 수업을 보장한다는 의미도 있다. 그런데 교수는 강의 부담이 크면 연구 활동에 제약을 받는다. 그래서 연구경쟁력이 있는 교원은 책임수업시간 감면을 요청하고, 정부는 대학이 연구와 교육을 호환할 수 있는 바이아웃 제도를 시행하길 권장한다.

연구조직과 교육조직을 비교 관찰하면서 이처럼 당연해 보이는 정책과 제도를 다른 관점에서 한 번쯤 생각해 볼 필요가 있다. 교원의 강의 시간 정책도 연구 분야의 규칙을 적용하면 어떨까? 책임수업시간 제도를 없애고 강의를 담당하는 만큼 보상을 하는 것이다. 물론 책임수업시간이 포함된 급여는 재조정해야 하고, 강의를 공개 경쟁하는 제도를 만들어야 하는 후속 조치들이 뒤따라야 한다. 그렇게 되면 어떤 강의는 연구과제 수주처럼 경쟁을 통해 배정하게 될 것이고, 궁극적으로 그동안 닫혀있던 교육의 공급 시장이 열리게 될 것이다.

24. 행정의 생산성

'행정을 한다.'라는 것은 어떤 일을 지속해서 관리하고 있다는 의미이기도 하다. 이와 같은 '관리행정' 조직은 노동력 등과 같은 에너지가 지속해서 투입되어야 움직이고 그렇지 않으면 멈추게 된다. 그리고 관리행정의 방법은 다양하며 그 각각의 성과를 생산성(P) 개념으로 생각해 볼 수 있다. 지금 수행하고 있는 관리행정의 방법이 A라 한다면 그에 따른 생산성은 P(A)가 된다. 만일 지금보다 더 효율적인 방법 B가 있다면 그에 따른 생산성은 P(B)이고, 이는 P(A)보다 높을 것이다. 방법 B는 현실에 대한 문제의식과 성찰을 통해 얻을 수 있다. 하지만 지금보다 더 나은 방법을 찾았다고 해서 관리행정의 방법이 어느 날 갑자기 A에서 B로 바뀌지 않는다. 분업화된 시스템은 구성원들이 밀려드는 업무를 정해진 규정과 관행에 따라 어제와 같은 방식으로 반복하도록 구조화되어 있기 때문이다.

변화를 위해서는 관리행정 시스템 자체를 진단해서 의사결정을 하는 또 다른 조직적 기능이 필요하다. 이것은 '행정을 한다.'라는 것의 의미 속에 포함된 또 다른 중요한 일이다. 관리행정이 몸을 쓰는 일이라면 '의사결정 행정'은 머리를 쓰는 일이다. 의사결정 행정은 지속적인 행정력이 필요한 것이 아니라 현실에 순간적으로 관여해서 영향력을 미친다. 물론 어떤 의사결정이 있기까지에는 수많은 사전 조사와 연구, 그리고 결정권자의 냉철한 직관력을 위한 경험 축적 기간이 필요할 것이다. 하지만 이것은 최선의 의사결정을 위한 과정이지 구체적인 실천 행위가 아니다. 현실에 영향을 미치기 위해서는 과감한 의사결정을 통해 관리행정의 방법을 극적으로 전환해 줘야 한다. 의사결정은 물론 올바른 결정이 무엇보다 필요하지만, 결정의 때를 놓치지 않는 것도 중요하다. 어떤 일을 신속하게 결정해야 하는지(그때를 T1이라 하자), 아니면 신중하게 생각한 후 나중에 결정해도 되는 일인지(그때를 T2라 하자)는 사안에 따라 달려 있다. 결정의 시기를 잘못 선택하면 행정비용이 커지거나 조직에 치명적인 문제가 될 수도 있다. T1의 시점에서 관리행정 방법 B가 가능한 상황에서도 T2의 시점이 되어서야 방법 A에서 B로 전환했다면 그 비용은 두 방법에 대한 생산성의 차이(P(B)-P(A))에다가 결정을 내리지 못하고 머뭇거린 기간(T2-T1)을 곱하면 계산할 수 있다.

연구비 관리업무 사례를 통해 살펴보자. 정부는 최근 종이 영수증 보관(방법 A)을 폐지하고 전자영수증 보관(방법 B)만으로 가능하도록 적극적인 조치를 하였다. 물론 이 조치로 관리행정의 생산성은 더 좋아질 것으로 기대된다. 그렇다면 이 조치를 1년 전 또는 그 이전에 시행했다고 가정하고 지금의 방법과 비교해 생산성의 차이를 계산해 볼 수 있지 않을까? 하지만 행정의 생산성은 계량화하기가 어렵다. 그래서 같은 결과를 만들어 내는 조건에서 각각의 행정 투입 비용을 계산해서 역산하는 것도 한 방법이 될 수 있다. 정부 발표에 따르면 매년 예산·기금 사업비를 집행할 때 발생하는 종이 영수증은 약 4천 8백만여 건이라고 한다. A4용지 한 장에 한 건의 영수증을 붙인다고 하면 그 용지 비용만 매년 4억8천만 원(장당 10원으로 계산)이 된다. 여기에 연구자의 손에서 기관의 과제 파일에 첨부되기까지의 과정, 창고 보관기간 등의 직접적 비용과 연구자의 연구력에 영향을 미치는 간접적 비용도 계산할 수 있다. 이렇게 계산된 값은 관리행정에서 생산성을 떨어뜨리는 비용이고 행정적 저항값이라 할 수 있다. 이러한 저항값을 가지고 행정을 지속하는 것은 사이드 브레이크 제동장치를 밟고 자동차 운전을 하는 것과 같다. 운행 중인 자동차에 연기가 나는 것을 보고서야 사이드 브레이크를 잠그고 운전했던 사실을 알았던 필자의 초보운전 시절이 있었다. 지금 필자의 행정이 그와 같은 우를 범하고 있지 않은지 두렵다.

대학 조직이 다른 조직과 다른 가장 큰 특징 중의 하나는 의사결정을 하지 못한다는 것이다. 기업은 치열한 적자생존 경쟁에서 살아남아야 한다. 리더가 의사결정을 머뭇거리거나 잘못 결정하면 기업 생존의 생존이 위태롭다. 기업은 이윤이라는 단일 목적을 추구하는 집단이기 때문이다. 반면 대학 조직은 리더가 의사결정을 잘해도 못해도 생존에 큰 영향을 미치지 않는다. 대학은 이윤만을 추구하는 집단도 아니고, 리더를 중심으로 체계화된 조직도 아니다. 대학에서 제각각 자기만의 중심을 가지고 살아간다. 또한 대학은 이윤보다도 때로는 명성이 더 중요하고, 비효율적인 조직이지만 사회의 필요에 따라 그럭저럭 천년을 이어왔다. 그래서 리더는 의사결정을 하기가 어렵고, 의사결정을 하더라도 조직 전체에 영향을 미치지 못한다. 그리고 리더의 자리에 있는 교수는 직업의 특성상 의사결정을 할 때 직관적으로 신속하게 결정하기보다는 논리적인 근거를 조사하여 신중하게 생각하고, 결론이 나와도 마지막 결정을 잘 내리지 못한다. 대학 행정은 이러한 구조 속에 있다. 그래서 행정의 의사결정은 항상 사회 조직보다 매우 늦다. 심하면 리더가 의사결정을 하지 못하고 머뭇거리는 사이에 시간과 주변 상황이 문제를 해결해주기도 한다. 물론 기업 조직이 이랬다면 생존하기 어려웠을 것이다. 대학 행정 조직이 발전하려면 의사결정 순발력을 키워야 한다.

25. 학과란 무엇인가

학과(學科)는 대학에서 매우 중요한 의미가 있다. 학과라는 용어의 사전적 정의는 '교수 또는 연구의 편의를 위하여 구분한 학술의 분과'다. 이 정의는 다소 추상적이어서 대학 현장에서 사용하는 개념과는 조금 거리가 있어 보인다. 그렇다면 학과라는 용어를 누구나 같은 개념으로 인식하고 또 그렇게 사용하고 있을까? 대화 상대방에게 '학과란 무엇인가?'라고 물어보면 아마도 서로 다른 답변을 할 가능성이 크다. 따라서 학과와 관련된 논의를 할 때는 먼저 용어의 정의부터 시작해야 한다. 그렇지 않으면 각자가 생각하는 학과의 관점으로 아전인수를 해서 그 회의는 미궁 속으로 빠져들 것이다.

필자는 학과라는 용어가 대체로 네 가지 의미로 쓰이고 있다고 생각한다. 첫째는 '전공'의 의미다. 학과를 사전에서 '학술의 한 분과'라고 정의한 것은 어느 정도 전공 관점에서 이해한 것이라 할 수 있다. 대학의 전공은 교육과정으로 구체화하고, 교육과정은 교과목들을 구성 요소로 한다. 둘째는 '교원의 소속'으로서의 의미다. 이 관점에서 보면 학과는 교원을 구성단위로 하는 조직체라고 할 수 있다. 셋째는 '학생의 소속'으로서의 의미다. 학생의 관점에서는 학과가 자신들이 구성단위가 되는 조직체이다. 넷째는 '모집단위'의 의미다. 학과는 입시에서 학생들이 선택해야 하는 하나의 모집단위가 된다. 모집단위에서 중요한 것은 입학정원과 그것을 선택하는 방법이다. 학생이 대학에 진학할 때 전공 단위로 선택하도록 할 것인지, 무전공으로 입학한 후 재학 중에 전공을 자유롭게 선택하도록 할지, 이 두 가지 방법을 적절히 조합해서 선택경로를 만들지, 그리고 어느 전공에 몇 명의 입학정원을 배정할 것인지가 모집단위 정책의 핵심이다. 이처럼 학과의 의미에 따라 구성 요소와 정책 목표가 다르다. 이 네 가지 의미 외에도 학과를 간혹 특정 직업과 연관해서 해석하기도 한다. '법학전문대학원 설치·운영에 관한 법률' 제8조1항에는 '법학전문대학원을 두는 대학은 법학에 관한 학사학위과정을 둘 수 없다.'라고 되어 있다. 이는 법학을 특정한 직업인 양성 기관으로 생각한 결과라 할 수 있다. 이 조항으로 인해 서양 대학의 시초인 중세시대 대학의 3학부(신학, 법학, 의학) 중의 하나였을 만큼 학문적으로 매우 중요한 위치에 있었던 법학이 국내 주요 대학에서 사라지고 직업전문학교로서 법학전문대학원만 남게 되었다.

기존의 전통적인 학과 체계에서는 네 가지 의미를 굳이 구분해서 생각해 볼 동기가 적다. 단일전공의 같은 학과 조직에 교원과 학생이 모두 소속되어 있고 모집단위도 그 학과를 선택하는 구조여서 학과에 대한 이질적인 요인이 없기 때문이다. 이런 학과의 구조가 일반적일까? 물론 지금도 학과 대다수가 이처럼 일원화된 구조로 되어 있지만, 반드시 그래야만 하는 것도 아니다. 관심 있게 지켜봐야 하는 것은 대학을 둘러싼 환경이 전통적인 학과 구조를 변화시키고 있다는 점이다. 기존의 학과가 지나치게 세분되어 있다는 비판의 목소리가 점점 더 커지는 것과 비례해서 교원 소속 중심이 아닌 교육과정

중심의 융합전공 수는 늘어나고 있다. 대학입시는 학과별 모집에서 학부제로, 나아가 무전공 전형으로 확대되고 있다. 학생들은 단일학과 소속에서 벗어나 여러 학과를 넘나들고 글로벌 교육프로그램에서부터 창업 교육에 이르기까지 다양한 경험을 하고 있다. 그리고 대학과 산업체의 경계는 더 희미해져 가고 있고 심지어 산업체를 비롯한 사회에서 직접 교육과정을 운영하기도 한다. 이처럼 전통적인 학과 구조를 탈피하려는 원심력은 더 강해지고 있다. 하지만 학과 조직을 중심으로 하는 구심력 또한 여전히 강하다. 이 두 힘이 어느 한쪽으로 치우치지 않고 적절한 긴장감으로 균형을 이루도록 하는 것이 중요하고, 더불어 대학 행정의 지혜가 더욱 절실한 시점이다.

BK21사업에서 학과는 교원이나 학생의 소속, 전공, 모집단위 개념으로 사용되기도 하고, 여기에 '교육연구단'이라는 개념까지 더해진다. 하지만 정부나 대학 당사자 누구도 이 사업에서 말하는 학과의 정의가 무엇인지 잘 모르고 서로 생각하는 개념도 다르다. 이처럼 불분명한 학과 개념을 재정의하지 않고는 대학의 뿌리는 계속 흔들릴 것이다.

교원이나 학생의 소속은 논외로 하고, 전공이라는 개념을 잠시 살펴보자. 전공 명칭만으로 어떤 전공인지 정의하고 이를 바탕으로 교육 정책을 시행하는데 이것은 주먹구구식이다. 전공은 교과목을 체계적으로 모아놓은 하나의 교육과정이다. 따라서 전공을 분류하려면 교육과정에 속한 교과목이 내용이 무엇인지부터 정의해야 한다. 같은 경영학이라고 하지만 그 속의 교과목 내용이 다르면 전혀 다른 전공이 된다. 그래서 필자는 교육과정 내에 있는 각 교과목을 학문분류체계를 기준으로 분석하는 방법을 제안한다. 구체적인 방법은 「학문분류체계를 활용한 교육과정 관리 시스템 및 그 방법을 컴퓨터에서 실행시키기 위한 프로그램을 기록한 기록매체」(특허 제10-1133023호)에 제시되어 있다. 이 방법에 따르면 교육과정(전공)이 어떤 학문 분야인지 정확히 분석되고 다른 전공과 몇 퍼센트 유사한지 정량화할 수 있다. 관련해서 대학이나 정부에서 전공 정의에 관한 연구가 진행되기를 진심으로 바란다.

26. 연구비와 간접비에 대한 동상이몽

　국내 대학의 연구과제는 국가연구개발사업 연구비 비중이 절대적이다. 그런데 이 국가연구개발사업의 각 연구 주체인 정부, 대학, 연구자 간에는 연구비를 이해하는 관점이 서로 조금씩 다르다. 연구비는 구체적으로 직접비와 간접비로 구성되는데, 연구책임자가 연구 목적으로 직접 활용하는 직접비에 관해서는 연구 주체 간에 어느 정도 공통된 인식을 하고 있다. 하지만 간접비에 대해서는 가지고 있는 생각이 서로 조금씩 다르다. 간접비는 '국가연구개발혁신법'에 '연구개발기관이 연구개발과제를 수행하는 데 공통적으로 소요되는 비용으로서 개별 연구개발과제로부터 직접 산출할 수 없는 비용'이라고 되어있다. 그리고 비영리법인의 간접비에 대해서는 정부가 '2년마다 관계 중앙행정기관의 장과 협의하여 그 계상기준을 정하여 고시'하게 되어있다. 이 간접비에 대해서 지원기관인 정부는 대학에 지급하는 인센티브이지만 사용 용도를 제한하고 관리해야 할 대상으로, 대학은 연구투입비용에 대한 실비보상으로, 연구책임자는 연구비 일부라고 본다. 이 인식의 차이가 연구 주체 간 갈등을 유발하고 연구 정책을 엉뚱한 방향으로 유도하는 원인이 된다. 간접비에 대한 기본 정의에서부터 다시 생각해 본다면, 대학이 이해하고 있는 간접비 개념이 맞다. 간접비를 'overhead cost'라고 하는 이유도 연구비가 아닌 별도의 개념으로 보기 때문이다. 그런데도 현실에서는 간접비를 두고 각자 동상이몽을 한다. 그 원인을 두 가지 관점에서 생각해 보고자 한다.

첫 번째는 연구비 계약과정의 기술적인 방법에서 기인한 것은 아닌지 살펴봤으면 한다. 정부는 대학 및 연구자와 연구계약을 할 때 간접비를 그 과제 안에 포함해서 계상하고 한꺼번에 계약한다. 그렇게 되면 연구자는 간접비를 연구비 일부라고 인식해서 대학이 연구비만 떼어가고 지원해주는 것이 없다고 느끼게 되고, 정부는 간접비도 직접비처럼 관리해야 하는 대상인 것처럼 착각하게 된다. 정부는 대학과 연구계약을 할 때 직접비와 간접비를 분리해서 지원하는 것이 옳다. 예전엔 연구자와는 직접비에 대한 부분만 계약하고 그 과제에 대한 간접비는 대학에 직접 지원하는 연구과제도 존재했지만, 지금은 이마저도 사라졌다.

두 번째는 관료제 방식의 연구 관리가 간접비를 본래의 개념에서 멀어지게 만드는 원인이 아닌지 되돌아봐야 한다. 관료제는 연구의 결과보다는 과정에 초점을 맞추게 되고, 결국 연구비 집행의 투명성을 강화하는 방향으로 정교하게 작용한다. 특히 국가의 세금을 통해서 지원되는 연구비는 더욱 그렇다. 정부의 견해에서는 연구비가 학교 회계에서 관리되면 다른 예산과 섞여서 잘 구분되지 않고 불투명한 것처럼 보인다. 그래서 연구비를 별도회계로 관리하고 정교한 정보시스템을 통해 회계의 투명성을 극대화하고자 한다. 이것이 산학협력단 법인이 탄생하게 된 이유 중의 하나이기도 하다. 이러한 원인이 겹쳐 간접비가 점점 더 직접비 개념으로 흡수되어가고 있고,

그만큼 간접비에 대한 대학의 자율권은 침해된다.

　정부는 현재 간접비를 대학이 13가지 구체적인 사용 용도 항목으로만 쓰도록 규정화해서 제한하고 있다. 또 대학은 간접비 원가 산출을 위해 구체적이고 방대한 자료를 정부에 제출해야 한다. 이대로 가면 사용 용도 항목이나 원가 산출을 위해 대학이 제출해야 하는 자료가 계속 더 늘어나는 악순환이 반복될 것이다. 부분적 목적만 추구하다 보면 큰 방향을 놓치게 된다. 잠시 멈추고 멀리 바라볼 필요가 있다. 정부는 간접비를 대학에 맡겨 일임하는 것이 바람직하다. 회계의 투명성은 연구비 관리 관점이 아니라 대학 관리의 관점에서 접근하면 된다. 간접비는 비용으로 관리되어야 할 대상이 아니라, 대학의 자산이 되어 연구역량을 강화하는 밑거름이 되도록 해야 한다.

국가연구개발사업 연구개발비 사용 기준에 따른 간접비 계상기준은 인력지원비(지원인력 인건비, 연구개발 능률성과금), 연구지원비(기관공통지원경비, 사업단 운영비, 연구실 안전관리비, 연구보안관리비, 연구윤리활동비, 연구개발준비금, 대학 연구활동지원금, 연구관련시설 및 장비 운영비), 성과활용지원비(과학문화활동비, 지식재산권 출원 등록비, 기술창업 출연 출자금)와 같이 3개 분야 13개 항목으로 매우 구체적이다.

　정부는 대학 및 출연연구기관 등을 대상으로 '연구활동 지원역량 평가'를 한다. 이 평가는 간접비를 연계해서 평가등급에 따라 간접비 원가 산출 시 비율에 따라 가감한다. 평가의 세부 지표 중에는 학교 회계 전출금의 간접비 지출 합리성 점수가 있는데 간접비수익 대비 학교 회계 전출금의 전출 비율이 20% 이하면 2점의 가점을 받고 40%를 초과하면 0점을 받는다. 연구활동 지원역량 평가에는 이러한 세부 평가조항으로 가득하다.

　이처럼 간접비 계상기준, 연구활동 지원역량 평가는 매우 구체적이다. 그렇다면 이러한 구체적 사항들은 간접비의 기본 취지와 일치하는가? 가끔은 잠시 멈추어 서서, 무턱대고 따라가고 있는 이 길이 우리가 가고자 하는 방향인지 살펴야 한다. 그렇지 않으면 엉뚱한 곳에서 길을 잃고 헤매게 될 것이다.

27. 통닭 두 마리 값

　로터리 한 모퉁이를 지나가다 보면 전기구이 통닭을 파는 푸드 트럭이 항상 그 자리에 있다. 트럭 위 표지판에는 '한 마리 6,000원, 두 마리 12,000원'이라고 적혀 있는데, 자꾸만 그 통닭 값 표지판이 눈에 띄어 같이 가던 동료에게 가볍게 말을 건넸다. "한 마리에 6,000원인데 두 마리에 12,000원이네!" 그 표지판에 무신경했던 동료도 다음엔 그곳을 지나갈 때마다 한마디 하기 시작했다. 당연한 사실을 왜 써놓았을까? 한 마리에 6,000원이면 두 마리면 당연히 12,000원인 것을. 그러면 세 마리에 18,000원이고, 네 마리에 24,000원이라고도 써 붙이지?

　며칠 후, 동료들과 점심을 하면서 그 통닭 값 이야기를 본격적으로 꺼내 봤다. 당신이 푸드 트럭 사장이라면 가격을 어떻게 써 붙일 것인가? 예상대로 '한 마리 6,000원, 두 마리 11,000원'이라는 의견이 많았다. 그렇게 해야 한 마리보다는 두 마리를 사도록 소비자의 구매욕을 자극할 수 있기 때문이다. 하지만 나는 다소 엉뚱한 영업 전략을 제시했다. '한 마리 6,000원, 두 마리 13,000원'이라고 써 붙이면 어떨까? 역시 갸우뚱한 반응이다. 나는 정색을 하고 두 마리에

13,000원 영업 전략에 대한 가능성을 설명했다. 나는 통닭을 한꺼번에 두 마리씩이나 사는 경우가 거의 없다. 한 마리면 족하다. 그런데 두 마리에 11,000원이라고 하면 한 마리에 6,000원을 주고 사는 나 같은 소비자는 왠지 손해를 보는 느낌을 받을 것이다. 오히려 두 마리에 13,000원이라고 하면 한 마리씩 살 때마다 횡재한 느낌을 가지지 않을까? 그리고 실제로 두 마리를 사야 한다고 했을 때 정말 13,000원을 내야 할까? 아니다. 한 마리씩 따로 계산하겠다고 하면 되기 때문에 그냥 12,000원만 내면 된다. 결국 두 마리에 13,000원이라는 거래는 실제로 일어나지 않는다. 괜찮은 마케팅 전략이 아닐까? 내가 통닭집 사장이라면 두 마리에 13,000원 마케팅 전략도 시험해 볼 것이다.

통닭값 표지판은 우리의 업무 관행을 되돌아보게 만드는 타산지석이 될 수 있다. 조직의 목적 활동은 분업화된 업무 단위로 조합된 수많은 절차를 거쳐서 진행된다. 하지만 어떤 행정 절차는 '두 마리 12,000원'이라는 가격표처럼 조직의 활동에 별 도움이 안 되는 군더더기일지도 모른다. 특히 서비스의 대상을 '지원'이 아니라 '통제'하려는 관점에서 일하면 이러한 군더더기 업무와 절차는 더욱 많아진다. 그것은 세 마리 18,000원, 네 마리 24,000원이라고 계속 써 붙여 나가는 것과 같다. 조직에서 내가 하는 일을 전체적인 관점에서 끊임없이 성찰하지 않으면 '두 마리 12,000원'이라는 표지판은 곧 나의 모습이 될 수 있다. 이것이 로터리 그 모퉁이를 지나칠 때마다 드는 반성이다.

또 하나, 통닭값 전략 논의 과정을 통해 우리 안에 내재하여 있는 판단기준의 편향성을 살펴보는 것도 좋겠다. 우리는 통닭 한 마리보다는 두 마리 값이 더 저렴해야 한다는데 무게중심을 두고 논의했다. 하지만 싸게 파는 A 전략이 있으면 비싸게 파는 B 전략도 반드시 존재한다. A 전략은 우리에게 익숙하고 B 전략은 그렇지 않다. A 전략과 같이 다수가 생각하는 익숙한 공간에서는 일시적 편안함을 느낄지 모르지만, 그곳에서 새로움을 발견하기는 힘들다. 온전한 전략 수립을 위해서는 우선 판단기준의 편향성을 벗어나야 한다. 그러기 위해서는 B 전략이 익숙하지 않다고 느껴질 때는 잠시 멈추어 자신의 기울어진 판단기준이 수평을 이룰 때까지 기다려야 한다. 그 이후에 전략적 사고를 하면 멀리 바라볼 수 있다. 그런데 자신의 판단기준이 기울어있는지 수평을 이루었는지 어떻게 알 수 있을까? 사실은 이것을 아는 것이 가장 어려운 일이다.

세미프로, 스포츠 활동을 통해 금전적 이익을 얻지만, 그것에 전념하기보다 다른 직업을 가진 선수를 말한다. 관료조직에 세미프로 제도를 도입하면 어떨까? 예를 들면, 직장과 최저임금 수준으로만 계약하고 이에 상응하는 기본적인 업무에 대한 의무를 진다. 그 외는 자신의 능력에 따라 업무를 수행하고 인센티브를 받도록 보장하도록 하는 것이다. 조직 내에는 '정규직'이라는 개념이 확고하고 이를 기준으로 다양한 형태의 '비정규직'이 존재한다. 이 관계 사이에 존재하는 문제와 갈등은 끝이 없다. 특히 관료조직은 하는 일만큼 정당하게 보장을 받고 있는지 정확히 계산해 낼 수 없고 비정규직은 항상 차별을 받고 있다고 느낄 수밖에 없다. 직장 세미프로 제도가 있다면 이 문제는 어느 정도 해소될 수 있다. 예를 들면, 비정규직인 A가 정규직과 비교해서 훨씬 낮은 처우를 받고 있다고 하자. A는 영상기기에 능숙해서 교수의 온라인 강의나 비대면 발표 시 많은 도움을 주고 있다. A는 자신의 연봉을 오히려 최저임금 수준으로 낮춰 계약하고, 영상지원 업무는 인센티브 형태로 능력껏 받을 수 있도록 세미프로 계약을 선택할 수 있다. 이는 A 씨와 조직 모두에게 좋다. 이 세미프로 제도는 외부 업체와 직원 사이의 어느 지점에 있다. 외부 업체는 조직의 내부를 이해하지 못하지만 세미프로는 내부 조직 사정도 잘 알기 때문에 장점이 많다.

☞ '통닭 두 마리 값' 글을 쓰고 3년이 지난 2022년의 어느 날, 우연히 그 전 기구이 통닭 푸드트럭 앞을 지나가면서 '한 마리 7,000원, 두 마리 13,000원'이라고 바뀐 표지판을 봤다. 언제 바뀌었지? 하면서 혼자 피식 웃었다.

28. 피라미드 조직의 변신

　조직은 피라미드 구조를 이룬다. 넓은 저변에서 위로 올라갈수록 그 폭은 점점 좁아져 꼭짓점의 팀장으로 이어진다. 작은 단위의 팀 피라미드 조직들은 다시 상위 꼭짓점으로 수렴되어 조직 전체의 큰 피라미드가 완성된다. 조직 생태계는 이 피라미드 구조를 바탕으로 살아 움직인다. 예를 들어 어떤 현안이 있으면 이를 해결하기 위해 팀 피라미드 조직들은 이 안건을 중심으로 재배치된다. 이러한 협업 체계를 조직도로 그려보면, 업무 현장에 각 꼭짓점이 모이게 되고 이를 중심으로 각 팀 피라미드의 저변은 서로 연결되어 큰 원을 그리게 된다. 그 협업 구조를 위에서 내려다보면 마치 한판의 피자 모양과 같다. 각 꼭짓점이 모여 있는 피자의 중심은 각 팀이 소통하는 중요한 지점이다.

　이러한 모습의 조직도는 구성원에게 조직의 원활한 소통을 기대하게 한다. 하지만, 원의 중심에 있는 팀장들의 회의를 귀 기울여 들어본다면 조직 간 소통이 조직도처럼 쉽지 않다는 것을 알게 된다. 팀장들은 외형적으로 서로 머리를 맞대고 회의를 하고 있지만, 마음 속 목표는 제각각 회의장 밖으로 향해 있다. 그 심리적 목표구조를 그림으로 표현하면 꼭짓점이 밖으로 향해 있는 뒤집힌 피자 모양, 즉 해바라기를 닮은 모양이 된다. 해바라기 조직의 각 꼭짓점은 그 거리만큼이나 팀장 간 소통을 어렵게 만든다. 이처럼 부서 간 팀장의 소통은 현실적으로 어렵다. 건너편 꼭짓점으로 건너 소통하기 위해서는 현기증 나는 외줄을 타고 건너야 한다. 이러한 불통의 원인은 팀장 개인 역량의 문제보다는 조직 구조 자체의 근본적 문제에서 찾아야 한다. 팀장은 옆 부서나 고객과 본인이 직접 일을 하지 않는다. 직원을 통해 간접적으로 일에 관여한다. 직원은 누구보다도 더 현장 가까이에서 고객과 소통해야 하는 위치에 있지만, 팀장은 사무실의 가장 안쪽자리에 자리를 잡고 현장으로부터 고립되어 있다. 업무 현장에서 고객의 불편과 불만이 있더라도 잠시 눈을 감고 있으면 어떻게든 직원이 문제를 해결해 줄 것이다. "위계 조직 내에서 일하는 모든 사람은 자신의 '무능의 단계'에 도달할 때까지 승진하려는 경향이 있다."라고 주장하는 학자도 있다. 이를 자신의 이름을 따서 '피터의 원리'라고 했다. 위계 조직의 위로 올라갈수록 현장 감각은 떨어지고 인생무상을 느끼며 제2의 인생을 설계해야 하는 직장인의 일반적 생애 경로를 냉철하게 짚었다고 볼 수 있다.

피라미드 조직에 기대하는 소통과 능력이 실제와 다른 결과를 가져오게 하는 이 불균형은 위계 조직이 지닌 숙명적인 취약점이다. 이 취약점을 조금이나마 극복하기 위한 처방 중의 하나로 권한을 업무에 따라 적절하게 분배하는 방법도 고려해 볼 수 있다. 직원 각자에게 담당 업무에 대한 재량권을 최대한 부여하여 피라미드의 정점에 집중된 권한을 현장으로 이양하여 분산하는 것이다. 그렇게 되면 팀장은 권한을 직접 행사하는 것이 아니라 직원에게 재량권을 주고 이를 관리하는 역할로 전환할 수 있다. 이 작은 변화 하나만으로도 해바라기 조직이 하늘을 나는 패러글라이더 조직으로 혁신하는 계기가 될 수 있다. 패러글라이더는 캐노피와 파일럿이 줄로 연결되어 역피라미드 구조를 형성한다. 캐노피는 각 셀에 공기가 가득 차면 비행기 날개처럼 펼쳐져 공기 역학적 성질을 가지게 된다. 파일럿은 캐노피를 일방적으로 끌고 갈 수 없으며, 또 캐노피의 공기가 빠지거나 한쪽 날개가 접히게 되면 균형을 잃고 추락한다. 캐노피의 각 셀은 직원이고, 그 속의 공기는 그 직원에게 부여된 재량권이다. 팀장인 파일럿은 줄을 통해 캐노피를 조정해서 바람을 타고 하늘을 오르내리며 앞으로 나아간다. 피라미드 조직을 패러글라이더 조직으로 혁신해서 하늘로 날아올라 보자. 멋진 변신이 아닌가.

조직 구성원 누구나 머릿속엔 피라미드 구조가 내재해 있는 듯하다. 그래서 여럿이 모이면 자연스럽게 한 명의 팀장과 다수의 팀원으로 팀을 구성한다. 이렇게 여러 팀이 있으면 또 유사한 업무를 하는 팀을 묶어 중규모의 조직을 만들고, 또 중규모를 묶어 꼭짓점을 만들어 조직화한다. 이렇게 하면 관료조직이나 군대나 일사불란한 지휘체계를 만들 수 있다. 조직이 꼭짓점 하나로 수렴되는 시스템이어야 하는 이유는 무엇일까? 이 시스템 이외에는 대안이 없을까? 업무 현장에서도 이 시스템이 유효하게 작용할까?

팀원이 20명쯤 되면 팀장은 20명 각자보다 업무를 더 잘할 수 없다. 하지만 팀장이기에 팀원에게서 보고받고 지시할 권한을 가지고 있다. 이러한 업무 능력과 권한의 부조화로 팀장은 딜레마에 빠진다. 팀장의 권한으로 일사불란한 조직으로 이끈다면 팀장의 잘못된 판단에 따른 손실이 발생할 수 있다. 팀원 각자의 능력과 판단에 맡긴다면 팀장의 권한은 유명무실해지고 조직은 중심 없이 흘러갈 위험성이 있다. 이 딜레마 상황에서 팀장은 어떤 선택을 해야 할까? 당연히 팀원 각자에게 믿음을 주는 쪽을 지향해야 한다. 그리고 팀장은 팀원에게 방향을 제시하고 지원하는 역할을 하면 된다. 이러한 방향으로 각 팀에서 실질적 변화가 축적되면 조직 전체의 시스템은 변화하고, 자연스럽게 구성원의 머릿속에서 피라미드는 잊힐 것이다.

29. 감사(監査)와 시간여행자

매년 10월은 국정감사의 계절임을 실감하게 된다. 국회는 정부를 상대로 질의를 하고, 정부는 대학을 상대로 대대적인 종합감사를 한다. 언론은 연일 감사에서 밝혀진 부정·비리에 관한 단발성 기사를 자극적으로 쏟아낸다. 대학의 구성원은 국회, 정부뿐만 아니라 내부의 감사를 받는다. 감사는 조직의 부정·비리를 근절하고 일상 속의 잘못된 관행을 바로잡을 수 있는 처방제 역할을 한다. 하지만 감사는 자칫 농사에서 농약을 쓰는 것과 같아서 남용되지 않도록 해야 한다. 농약은 병해충이나 잡초만 없애는 데 그치지 않고 우리 생태계를 위협한다. 감사자는 시간 여행자처럼 타임머신을 타고 감사대상 현실에 갑자기 나타나 시간을 정지시키고 그 현실을 면밀하게 들여다본다. 그 누구로부터도 반론도 받아들일 의무는 없고 오로지 시간 여행자의 관점으로 그 정지된 세상을 해석한다. 감사자에게는 그런 절대적 힘이 있다. 다만 우리는 감사자에게 그 능력 누구보다도 뛰어난 통찰력, 가장 이상적인 판단력, 높은 도덕성을 바랄 뿐이다. 하지만 세상에 그러한 절대적 수준의 능력자는 없다. 여기에 더해 감사자는 현실을 인식하는 관점에서 몇 가지 일반적 편향성을 가질 수밖에 없는 환경조건에 놓여있게 된다.

첫 번째는 포지티브 규제 편향성이다. 포지티브 규제는 법률이나 정책에 허용하는 것을 구체적으로 나열한 뒤 나머지는 모두 금지하는 방식의 규제를 말한다. 감사자가 판단하는 가장 주요한 근거는 법령이고, 이를 바탕으로 현실을 바라보게 되면 감사자는 당연히 포지티브 규제 중심으로 현실을 인식하는 것이 자연스럽다. 하지만 현실은 전혀 다른 관점으로도 인식될 수 있다. 하지 말라고 금한 게 아니면 최대한 허용하는 네거티브 규제 관점이 그것이다. 조직은 창의와 혁신을 통해 미래를 개척해 나가야 하고, 이 능동적 세계는 네거티브 규제 관점으로 응시해야만 보인다. 이 세계를 포지티브 규제 관점으로 바라보면 창의와 혁신은 사라지고 복지부동하는 소극적 조직만 남게 된다. 2018년 과학기술정보통신부는 네거티브 규제를 적극적으로 적용해 정부 사업비의 종이 영수증 보관을 폐지하고 전자영수증 보관만으로도 같은 효력을 갖도록 했다. 이와 같은 좋은 선례를 많이 만들어 가야 스스로 포지티브 규제 편향성을 극복할 수 있다. 네거티브 규제 관점에서 바라봐야 할 현실이 이것만은 아닐 것이다.

두 번째는 회계 수단 편향성이다. 빌 레딩스는 『폐허의 대학』에서 '대학이 그 책임의 성격에 대해서 오로지 회계의 언어(그 통화 수단은 수월성이다)로만 논란을 벌이는 것을 거부'하면서, '회계사들이 현재 사회의 지평을 이해할 능력을 갖춘 유일한 사람들도 아니고 심지어 그 과정에 가장 능숙한 사람들도 아니라고' 봤다. 인간을 생물학적인 몸의 관점에서만 이해한다면 동물과 다른 점을 구분할 수 없게 된다. 인간은 키와 몸무게로 평가되지 않는 품격과 정신을 지니고 있다. 마찬가지로 회계는 현실을 이해하는 데 매우 유용한 수단이지만 '회계의 언어'만으로는 조직 생명체 역동적 움직임과 정신을 제대로 이해할 수 없다. 우리는 회계 이외에 조직 생명체의 목적을 이해할 수 있는 다양한 관점과 역량을 확보해야 한다. 그것은 인간을 키와 몸무게가 아니라 그것은 그 사람의 말이나 글, 그리고 삶과 예술 등 다양한 방식으로 표현하고 이해하려는 것과 같다. 감사는 조직 생명체에게 그 존재의 의미에 관심을 가지고 자꾸 질문을 던져야 한다. 그러면 조직은 그 감사를 계기로 번뜩 깨어날 수 있다. 과거와 미래, 수단과 목적, 어느 관점으로 인식할 것인지는 시간 여행자인 감사자의 권한에 속한다. 이 두 관점을 잊지 않고 현실을 응시하면 '넥커의 정육면체(Necker Cube)'처럼 인식의 반전이 일어나 다양한 현실을 볼 수 있다.

관료 행정조직은 감사의 작은 움직임 하나에도 내부 조직이 상당히 경직된다. 잘못된 것을 바로잡고자 하는 감사에 대해 다른 의견을 낸다는 것 자체가 부정으로 보일 수 있다. 따라서 감사는 조직 내에서 누구도 이의를 제기하기 어려운 절대적 지위를 보장받는다. 이처럼 감사(監査)가 조직에 미치는 파장은 매우 크지만, 겉으로 드러나는 영향력은 빙산의 일각처럼 작아 보인다. 그래서 리더는 감사라는 변수를 고려하지 않고 조직을 운영하기 쉽다. 하지만 이것은 조직을 움직이는 중요한 열쇠 하나를 잃어버린 것과 같다.

절대적인 존재는 어떤 방향으로든 조직체제에 큰 영향력을 행사한다. 사회 구조는 그러한 절대적 영향력을 견제할 수 있는 시스템을 마련하는 방향으로 발전해 왔다. 마찬가지로 행정조직도 감사의 권한이 남용되지 않도록 절대적 지위를 견제하는 제도적 장치를 갖추어 조직의 균형을 맞춰야 한다. 예를 들면, 감사에 대한 이의가 있을 때 객관적이고 합리적인 판단을 할 수 있는 독립적인 기구를 설치하는 일과 같은 것이다. 현대 민주주의 사회에서 이것은 당연한 것처럼 여겨진다. 하지만 조직 내부로 들어가 감사 프로세스를 자세히 들여다 보면 의외로 그렇지 못함을 많이 발견하게 된다. 감사는 매우 유용하면서도 독성이 강한 약과 같다. 따라서 감사라는 약은 환자를 돌보는 의사처럼 고도의 행정역량을 가진 전문가에 의해서 신중하게 조심스럽게 쓰여야 한다.

30. 악마는 하위 규정에 있다

"대한민국은 민주공화국이다. 대한민국의 주권은 국민에게 있고, 모든 권력은 국민으로부터 나온다." 헌법 제1조의 이 내용을 일부러 꼼꼼히 읽어보는 이는 거의 없다. 중요하지만, 그 내용을 몰라도 일상생활에는 큰 불편함이 없기 때문이다. 우리가 가장 관심을 가지고 자주 보게 되는 것은 스마트폰 약정서, 매달 나오는 관리비 명세서, 도로의 자동차 속도제한, 연구과제계획서 작성지침과 같은 것들이다. 깨알같이 적혀 있는 그 내용에 따라서 매달 통장에서 돈이 빠져나가고, 범칙금 액수가 정해지고, 신청한 연구과제의 당락이 결정된다. 국민의 일상에 민감한 영향을 미치는 이러한 내용은 하위 규정을 자세히 살펴봐야만 알 수 있다. 그리고 하위 규정은 상위 규정보다 상대적으로 쉽게 개정할 수 있도록 권한이 위임되어 있고, 어떤 경우는 담당자 한 사람의 손끝에서 쉽게 결정되기도 한다.

하위 규정은 독립적으로 존재하지 않는다. 규정 체계에 따라 위로 연결되어 궁극적으로 헌법이라는 근원에 이르고, 그 연결 과정에는 하나의 원칙이 작용한다. '행정작용은 법률에 위반되어서는 아니 되며, 국민의 권리를 제한하거나 의무를 부과하는 경우와 그 밖에 국민생활에 중요한 영향을 미치는 경우에는 법률에 근거하여야 한다.' 라는 행정기본법 제8조 법치행정의 원칙이다. 그런데 헌법이라는 담론에서 출발해 다양한 방향으로 갈라져 하위 규정인 각론에 이를 때까지, 이 원칙이 잘 지켜질 수 있을까? 법체계를 살펴보면 빈틈이 없어 보이지만 현실적으로는 불가능한 일이다. 규정은 글로 되어 있고, 그 글은 사람이 쓴다. 사람의 생각과 가치관이 모두 달라, 글이 다르게 해석될 여지가 많다. 따라서 규정이 한 계단씩 내려올 때마다 필연적으로 임의적 해석이 반영될 수밖에 없다. 아무리 좋은 철학과 담론에서 출발한 법이라도 몇 단계 내려가면 지원 취지가 통제 수단으로 변질이 되고, 약자의 삶을 오히려 위태롭게 하는 독이 되는 일이 비일비재하다. 악마는 하위 규정의 디테일 속에 숨어 있다.

2021년 1월, 국가연구개발혁신법 법령이 제정 발효되었다. 부처별 국가연구개발 관련 규정을 통합·체계화하여 자율적이고 책임 있는 연구개발환경을 조성한다는 목적이었다. 얼마 후 국가연구과제에서 인건비 계상이 가능했던 대학 일부 연구자가 신규로 계약을 하는 과정에서 지원기관으로부터 인건비 계상을 하지 말라는 통보를 받았다. 급히 그 근거를 찾아보니 국가연구개발혁신법의 위임에 따라 제정된 '국가연구개발사업 연구개발비 사용 기준'이라는 행정규칙에 관련 내용이 명시되어 있었다. 이 과정에서 혁신법의 존재를 새롭게 인식하게 되었고, 관계부처 홈페이지를 통해 애써 행정규칙을 찾아내게 되었다. 법령 위임을 통해 제정된 행정규칙의 경우 해당 위임법령의 의미를 밝히는 간접적인 논거로 활용되는 것이 일반적이다. 그런데 법령에 없는 이 인건비 계상 금지 내용이 행정규칙에 불쑥 들어왔고, 이 내용이 현실에 직접 영향을 미쳤다. 행정기본법 제8조 법치행정의 원칙에 어긋나는 부분이 있다. 우리를 규제하는 법체계는 너무 복잡하고 방대하게 얽혀있다. 그 미로 속에서 자칫하면 법의 취지는 방향을 잃고 법을 관리하는 누군가의 자의적 규제 의도가 쉽게 반영되기도 한다. 법치행정의 원칙 실현을 위한 실질적인 제도 보완이 시급하다. 예를 들면 규제에 관한 사항은 그 규정을 만든 기관에서 반드시 그 규제 내용을 공개하고 행정기본법 제8조에 어긋나지 않음을 스스로 소명할 수 있도록 하는 이른바 '규제 사항 공개 및 소명'을 의무화하는 것도 하나의 방법이 될 수 있다. 햇빛이 없는 곳에는 곰팡이가 피게 되어 있다. 누구나 규제 내용에 대해 명확하게 알 수 있도록 해서 규제의 그늘을 없애는 작은 혁신부터 시작해보자.

2021년 제정된 국가연구개발혁신법은 엉뚱한 파장을 일으켰다. 그동안 정부 연구과제에서 인건비 책정이 가능했던 연구교수 및 비정년트랙 전임교원이 지원기관이나 학교 산학협력단으로부터 인건비 지급이 거절되는 사례가 발생했다. 교원은 대학에서 인건비를 100% 받을 것이라는 일반적 생각으로 법을 만든 결과이다. 하지만 대학에는 100% 급여를 보장받는 교수보다는 연구와 강의를 통해 인건비를 벌어야 하는 프로젝트 기반의 교수가 훨씬 많다.

법은 이처럼 취약한 곳에는 가차 없이 파고들고 이로 인한 안타까운 사례는 너무 많다. 연구개발과제 수행을 지원하는 직원(법에서는 이들을 '연구근접지원인력'이라 한다)에게도 예외는 아니다. 더욱 정교해지는 지침과 매뉴얼은 이들의 근로계약 여부, 기타소득 여부, 참여율 등을 구체적으로 확인한다. 그리고 몇 년 동안 정상적으로 받아왔던 인건비에 대해 갑자기 중단 결정이 내려진다. 황당한 결정을 받아든 직원은 퇴직을 심각하게 고민하는 상황까지 내몰린다. 하지만 누구도 그러한 상황에까지 이르는 것이 올바른 것인지 알지 못한다. 안타까운 마음에 이 결정이 근본적인 취지에 맞는지 업무 담당자에게 물어보면 그들은 그저 촘촘한 법과 매뉴얼을 따라가다 보니 나온 결론일 뿐이라고 하고, 리더는 그러한 문제점을 잘 인식할 수 있는 위치에 있지 않다. 결국 취약층에 대한 정책은 보호받지 못한다.

제4장

자연을 닮은 정책

31. 정부의 종이 영수증 폐지에 박수를

모처럼 좋은 소식이 들린다. 과학기술정보통신부가 국무조정실 주관으로 감사원, 기획재정부 등 관계부처와 협의를 통해 종이 영수증 없이 전자영수증 보관만으로도 같은 효력을 갖는다는 의견을 받아 연 4천 8백만 건에 이르는 정부 사업비 종이 영수증을 폐지하겠다는 것이다. 정부는 이번 사례를 법령 개정 없이 적극적인 유권해석만으로 규제를 과감하게 풀어내서, 원칙허용·예외 금지라는 네거티브 규제 원칙을 적용한 대표적인 사례라고 자평한다. 무척이나 반가운 소식이다. 불필요하게 발목을 잡는 규제를 과감히 개선하려는 의지로 의미 있는 작은 혁신을 끌어낸 정부 관계기관에 큰 박수를 보낸다. 그러면서 한편으로는 대학 행정인의 관점에서 어떤 소회와 함께 몇 가지 성찰을 하게 된다.

규제는 크게 포지티브 규제와 네거티브 규제로 나눈다. 포지티브 규제는 정책이나 법률상으로 허용하는 것 이외에는 하지 못하도록 하는 것이고, 네거티브 규제는 금지하는 것 이외에는 마음대로 할 수 있는 최소 규제를 말한다. 우리나라는 전형적인 포지티브 규제 국가라고 한다. 그런데 이번 조치는 정부가 적극적 의지로 네거티브 규제를 적용했다. 그런데 한 가지 눈여겨봐야 할 것은 이 극적인 전환이 법률 개정이 아니라 '적극적인 유권해석'만으로도 가능하다는 점이다. 이것은 똑같은 정책이나 법률이라 하더라도 어떻게 해석하는가에 따라 그 결과가 극명하게 달라질 수 있다는 사실을 새삼 우리에게 상기시켜 준다. 이 유권해석의 폭이 넓을수록 규제 대상자가 그 정책이나 법률을 정확하게 이해하는 것은 더욱 어렵다. 그래서 규제 대상자는 그 규제를 해석하는 관계기관에 더욱 의존하게 된다. 이 점이 필자에게 어떤 소회가 들도록 하는 이유가 아니었나 싶다.

예전엔 분명 종이 영수증이 확실한 증빙 수단이었을 텐데 언제부터 그 용도가 다했을까? 되돌아보면 우리가 열심히 풀칠하는 사이에 과학기술은 눈부시게 발전했고, 그러면서 전자영수증이 진본의 역할을 충분히 할 수 있는 어느 시점을 이미 오래전에 지나 지금에 이르렀을 것이다. 그동안 우리는 전자영수증이라는 진본을 바로 곁에 두고도 종이 영수증을 진짜처럼 여기며 행정을 해 온 것이다. 그 기간은 아마도 10년 이상은 족히 될 것이다. 이처럼 진위를 구분하지 못하고 현실과 동떨어져 관행만 따르는 행정 사례는 무수히 많다. 그런데 그동안 대학 행정인은 무슨 생각으로 지금까지 계속 종이 영수증에 풀칠하고 있었던 것일까? 연구비 카드가 읽히는 순간 카드사의 서버를 통해 정부 관계기관과 전담 기관으로 실시간 전송이 되는 고도의 정보시스템을 갖추고도 왜 풀칠을 멈추려고 노력하지 않았을까? 대학의 행정은 자정 능력을 갖추고 있는 것일까? 영수증 풀칠을 멈추게 한 것은 대학이 아니라 정부라는 사실을 생각해봐야 한다. 아마도 우리는 스스로가 '적극적인 유권해석' 권리를 가지고 있다는 사실을 이미 잊고 있었는지 모른다. 그나마 조금은 위로가 되는 것은 정부의 이번 조치 이전에 과감하게 전자영수증으로 전환한 앞선

몇몇 기관들이 있었다는 점이다. 정부의 이번 조치가 우리에게 그 권리를 상기시켜 주는 계기가 되었으면 한다.

　모든 정책과 법률은 포지티브 규제와 네거티브 규제 사이의 어느 지점에 놓여있다. 대학 행정인 각자가 제 일에서 적극적인 유권해석을 하지 않으면 그 규제 정도는 점점 더 포지티브 쪽으로 기울어지고 그만큼 대학의 자유 공간도 줄어들게 된다. 대학은 마음껏 상상하고 가능성의 자유를 누리는 공간이 되어야 하고 대학 행정인은 그 공간을 확보해 줄 의무가 있다. 그러기 위해서는 먼저 대학 행정이 구성원들에게 어떤 규제 방식을 적용하고 있는지 적극적인 유권해석 관점에서 하나하나 재점검해 보는 것도 좋겠다.

정부가 먼저 적극적 유권해석을 통해 종이 영수증 증빙을 폐지하겠다고 선언한 해가 2018년이다. 2022년 지금 이 시점에서 과연 몇 개의 대학이 종이 영수증을 폐지했을까? 종이 영수증 사례를 옆에서 생생히 지켜본 결과, 행정은 제도의 타당성이나 효율성보다도 관성의 법칙이 훨씬 강력하게 작용한다는 것을 재확인했다. 한때 정부는 대학의 세분된 학과 체계의 문제점을 극복하기 위해 학부제를 강하게 추진했다. 1998년엔 유사 학과 통폐합, 모집 단위 광역화 정도를 대학평가에 포함하는 재정지원사업과 연계했다. 대학은 이때 학부제 전환에 미온적이었다. 그러다 정부는 2008년 학부별 학생 모집 규정을 폐지하고 학과제로의 전환을 슬그머니 허용했다. 이때 대학은 학과제로 쉽게 되돌아오지 못했다. 이것은 학과제나 학부제의 장단점 문제가 아니라 대학 조직의 관료적 관성이 더 크게 작용했기 때문이다.

대학은 정부의 지나친 간섭으로 대학 발전이 어렵다고 하소연한다. 과연 맞는 말일까? 그동안의 사례를 냉정하게 되돌아보면, 정부의 간섭이 대학 경쟁력을 약화했는지 아니면 강화했는지 확실치 않다. 정부가 대학에 어떤 영향을 미쳤는지 관계없이 대학의 자율은 보장되어야 하는 것이 마땅하다. 그리고 대학은 정부의 규제를 탓하기 이전에 스스로 무엇이 부족한지 철저히 성찰해야 한다. 그 바탕 위에 대학은 새롭게 태어나야 한다.

32. 교육실명 성적증명서

K대학교의 성적증명서는 조금 특별한 점이 한 가지 있다. 그것은 학생이 이수한 교과목 옆에 담당 교수 실명이 함께 표기되어 있다는 점이다. 예를 들면 학생이 홍길동 교수의 경제원론을 수강했다고 하면 그 학생의 성적증명서에는 '경제원론(홍길동)'라고 표기된다. 이른바 '교육실명제'라 할 수 있는데 K대학교가 이렇게 변경하여 적용한 것은 2007년부터이다. 그 이후부터 지금까지 담당 교수명이 기재된 성적증명서는 무리 없이 잘 발급되고 있다. 필자는 당시 이 교육실명제 추진 사례를 개인적으로 대학 행정에서 의미 있는 일 중의 하나로 간직하고 있다. 그리고 이 교육실명제가 언젠가는 대학의 교육에 좋은 영향을 주는 부드러운 개입, 즉 넛지(Nudge) 역할을 할 수 있을 것이라고 믿는다. 하지만 아직 가시적인 변화를 느낄 수 없다. 어느 한 대학교의 변화만으로는 한계가 있기 때문이다.

대학들이 성적증명서에 관심을 가지고 변화하기 시작하면 어느 순간 획기적으로 폭발하는 순간, 즉 티핑포인트(Tipping point)가 올 것이다. 그때가 되면 기업의 인사담당자와 같은 평가자는 '어느 대학의 누구 교수로부터 무슨 교과목을 수강했지?'라고 성적증명서를 구체적으로 살펴볼 것이고, 평가기관에서도 교수나 대학에 관한 관심을 가지고 이에 대한 정보를 축적하려 할 것이다. 평가자의 관점이 바뀌면 학생은 그저 학점을 잘 주는 교수가 아니라 그 교과목의 권위 있는 교수를 찾아 수강하려고 할 것이다. 만일 그 교수가 다른 대학교에 있다면 학생은 그 대학까지 찾아가 수강하는 수고로움도 마다하지 않을 것이다. 캠퍼스를 넘나드는 학생들의 이런 활발한 움직임은 대학이 문호를 개방하고 상생할 수 있도록 할 것이다. 또한 교수는 열정적으로 찾아주는 학생들로 인해 자신의 교과목에 대한 책임 의식과 명예를 더욱 소중하게 여길 것이다. 변화는 여기에서 멈추지 않는다. 어느 대학 출신, 몇 학점짜리 학생인가로 평가되는 것이 아니라 대학 생활 과정의 노력이 제대로 인정받기 시작하면 입시 과열 문제가 완화될 것이고, 나아가 대학 서열화 문제도 치유될 수 있다. 작은 변화를 가지고 너무 큰 비약을 했을까? 하지만 논리적으로 불가능한 일은 아니다. 『블링크』에서 말콤 글레드웰은 "자신과 세계를 이해하는 작업에 임할 때, 우리는 거창한 주제에는 지나치게 관심을 기울이면서 흘러가는 순간순간의 상세한 내막에는 별 관심을 두지 않는다. … 이 작은 변화들을 두루 모아 엮으면 마침내 더 나은 세상이 도래할 것이라고 확신한다."라고 했다. 필자는 이 말에 전적으로 공감한다.

교육실명제는 더 나은 세상을 위한 작은 변화 중의 하나일 뿐이다. 또 다른 작은 변화를 위해 대학교의 기록 증명 전반을 성찰해 봐야 한다. 고등학교 학교생활기록부(학생부)부터 벤치마킹해보는 것은 어떨까? 학생부에는 한 학생에 대해 20여 쪽 넘게 자세하게 기록되어 있다. 거기에는 인적 사항, 학적, 출결, 수상 경력, 자격증, 진로 희망 사항, 체험활동, 교과 학습(성적), 세부능력 및 특기사항, 독서 활동, 행동 특성 및 종합의견 등이 빼곡하게 적혀 있다. 없는 것도 있다. 전체 과목에 대한 평균이나 석차를 찾아볼 수가 없다. 이것은 대학입시에서 성적 위주의 줄 세우기를 방지하려는 목적도 있다. 그 결과 대학의 입학전형은 학생의 다양한 장점을 발굴하려는 방향으로 진화해 왔다. 그런데 대학의 증명서에는 학생에 대한 정보는 턱없이 부족하지만 한 줄 세우기를 위한 정보는 가득하다. 대학생은 성적증명서 한 장으로 계량화될 수 있는 존재가 아니다. 그들은 대학 생활 동안 학점이라는 결과를 위해서도 노력하지만, 교육과정 이외에도 캠퍼스 안팎에서 다양한 경험을 통해 스스로 완성해 나간다. 대학은 그러한 대학생의 온전한 모습을 기록하고 증명해 줄 의무가 있다.

성적증명서에 교수명을 기재하는 것이 그렇게 어려운 일일까? 아주 간단한 일이다. 하지만 변화하는 것은 매우 어렵다. 특히 성적증명서와 같이 이미 시스템이 하는 일 같은 경우에는 누구의 일도 아니고, 어디서 어떻게 시작해야 할지를 모른다. 그리고 증명서에 교수명을 추가하는 것과 같은 일은 하찮은 것으로 치부된다. 그래서 관료조직에는 혁신의 작은 씨앗들은 그대로 방치되어 있기 쉽다. 작은 혁신은 명확하지 않은 의사결정 구조와 분절된 행정 업무 하나하나 모두 통과되는 우연이 겹쳐야 이루어진다. 중요한 것은, 누군가 단 한 사람이라도 신념을 가지고 있어야 이 우연한 일이 성사될 수 있다는 점이다.

필자는 기회가 될 때마다 다른 대학에 사례를 전파하고, 글을 통해서도 응원하고 있다. 드디어 2019년, L 대학에서 이 제도를 전격 도입했다. L 대학 보직자가 필자가 운영하는 과정에 참여해서 이 사례를 듣고 그 대학에 전격적으로 도입한 것이다. 다음엔 어느 대학에서 시행할 것인지 지켜보는 것도 하나의 즐거움이다. 티핑포인트에 이르기 위해서는 몇 개 대학이 더 관심을 가지고 제도를 시행해 줬으면 좋겠다. 교육실명제는 교수명을 기재하면 완성이 되는 종점이 아니라 교육 혁신의 출발점이다. 성적증명서 한 장에는 대학의 모든 것이 담겨 있고, 그 증명서 하나만 놓고도 대학혁신의 모든 것을 이야기할 수 있다.

33. 교육 개방과 공유대학

2018년 7월, 공유대학 플랫폼이 본격 시행됐다. 이 플랫폼은 '클라우드 기반 세계 최초의 온라인 학점교류'라는 슬로건 아래 서울총장포럼 32개 대학 중 24개 대학이 참여하여 구축하였고, 이를 기반으로 이번 2018년 2학기부터 학점교류가 이루어지고 있다. 하지만 아직은 학점교류를 신청한 학생 수가 60여 명 정도에 불과하다고 한다. 이를 단순히 시행 초기의 홍보 부족 때문이라고 생각하기보다는 이 기회에 국내 대학 간 학점교류 환경을 근본적으로 되돌아보는 계기가 됐으면 한다. 국내 대학 간 학점교류는 일대일 상호협약 또는 특정 지역 등을 기반으로 한 다자간 협약을 통해 그 협약 대학 학생들만을 대상으로 학점교류를 허용하는 방식을 선호한다. 이러한 포지티브 규제 방식의 정책은 국내 대학 간 학점교류 활성화를 일정 부분 제한하게 하는 요인이 된다. 이 점에 있어서 2008년 교육 개방을 선언한 K대의 사례는 참조할 만하다. 선언의 핵심 내용은 학점교류 협약과 관계없이 국내 모든 대학 학부생들에게 K대에서 수학할 기회를 제공하고, 또한 K대 학생이 국내 모든 대학에서 수학하는 것을 허용한다는 것이다. 하지만 개방과 협력을 통해 상생 관계로 전환하고자 했던 K대의 교육 개방 선언은 아직 말 그대로 선언적 의미에 머물러 있다. 그것은 어느 한 대학이 교류 문호를 활짝 열었다 하더라도 학생을 보내주어야 하는 상대 대학에서 개방을 허용하지 않기 때문이다.

공유대학 플랫폼이나 K대의 교육 개방 선언이 성공하기 위해서는 대학들이 자유롭게 학점교류를 할 수 있도록 상호 개방하고 필요한 경우에만 부분적으로만 제한을 하는 방식, 즉 네거티브 규제 방식의 정책으로 전환할 필요가 있다. K대와 같이 대학별로 각자 알아서 교육 개방 선언을 하는 방법도 가능하지만, 합의 등을 통해 모든 대학이 이 선언에 동시에 참여하는 방안도 가능할 것이다. 그렇다고 교육 개방 선언만으로 교류가 활성화되지 않는다. 구체적인 행정정책이 뒤따라야 한다. 그 정책 중의 하나는 각 대학이 강의를 개설할 때 다른 대학 학생에게 일정한 수강정원을 보장해주는 것이다. K대는 교육 개방을 선언하면서 정원 제한이 있는 인기 교과목은 다른 대학 학생을 위해 정원의 5%를 별도로 배정했다. 물론 정원 제한이 없는 교과목은 자유롭게 수강할 수 있도록 했다. 소속 대학의 학생들도 수강을 위해 클릭 전쟁을 하는 교과목에 다른 대학 학생을 위한 자리를 마련하는 일은 생각보다 쉽지 않다. 지하철의 노약자나 임산부를 위한 자리는 붐빌 때 더 필요한 것처럼, 강의실에서도 다른 대학 학생을 위한 배려가 필요하다. 그러한 마음 하나하나가 대학을 긍정적으로 변화시키는 큰 힘이 된다.

교육 개방을 뒷받침하는 또 다른 정책 중의 하나는, 수강료를 수익자부담 원칙으로 하는 것이다. 현재 계절학기 및 국제하계대학 등에는 이 원칙이 적용되고 있고 학점교류도 점점 더 활성화되어 가고 있다. 반면 정규학기의 경우 학점교류 학생은 소속 대학에만 등록금을 내고 수학 대학에는 수강료를 내지 않는다. 이는 학기당 등록금을 내는 제도적 영향이 크다. 그리고 또 하나 학점교류 대학 간에는 학생을 일대일로 맞교환한다는 개념이 무의식적으로 전제되어 있기 때문인데, 교환학생(exchange student)이라는 용어 자체에도 그러한 뜻이 내포되어 있다. 하지만 학점교류에서 일대일 교환 개념은 현실적이지 않다. 그래서 각 대학은 정규학기에 국내 대학 학점교류 학생이 찾아오면 소극적으로 문을 닫아거는 수밖에 없다. 따라서 학점교류 활성화를 위해서는 이러한 제도적 한계와 비합리적인 현실을 직시하고, 열린 대학을 지향하는 구체적이고 정교한 행정정책을 마련해 개선해 나가야 한다. 그렇게 된다면 갓 출범한 공유대학 플랫폼은 단순히 정보만을 교류하는 곳이 아니라 상생하는 장이 될 수 있을 것이다.

대학혁신은 두 가지로 나눌 수 있다. 하나는 특정한 대학 독자적으로 할 수 있는 혁신이고, 다른 하나는 여러 대학이 협력해야 가능한 혁신(이를 '협력 혁신'이라고 정의하자)이다. 대학은 이 협력 혁신에 특히 취약하다. 협력 혁신은 대학 간 합의된 규칙이 작용해야 하고, 그러기 위해서는 대학 전체를 아우르는 컨트롤타워 역할이 매우 중요하다. 하지만 대학은 각자도생의 길을 걷는 데만 익숙해져 대학 간 컨트롤타워 역할에 대해서는 관심을 가지지 않았다. 한국대학교육협의회, 한국전문대학교육협의회와 같은 총장협의체가 있다고는 하지만 정부의 업무 대행 또는 건의 정도에 머물러 기대에 미치지 못하는 아쉬움이 있다. 그래서 정부가 대학의 컨트롤타워 역할을 대신해왔고, 대학은 항상 혁신의 대상이 되었지 스스로 혁신하는 주체는 아니었다.

교육 개방 정책은 협력 혁신 범주에 속한다. 하지만 대학은 정부만을 바라보고 있고, 대학의 정책은 정부 관료가 내놓는 각종 교육 개방 정책 수준에도 미치지 못한다. 그리고 정부의 혁신공유대학 재정지원사업을 사업비 관점에서 대학 간 치열한 수주 경쟁하고 있다. 대학 모두 협력 혁신에 대해 진지한 성찰이 있어야 한다. 대학 협의체에서 성토와 건의하는 목소리는 크지만 우리가 무엇을 하겠다는 얘기는 들리지 않는다. 정부가 아니라 우리 대학들이 교육 개방을 위해 무엇을 해야 할지 진지하게 논의해 봤으면 한다.

34. 학생이 선택하는 학번

계절이 바뀌어 찬 바람이 불 때가 돼서야 '이제 겨울옷을 만들어 팔아볼까'라고 생각하는 옷 장사는 없다. 한여름에 겨울을 생각하고, 겨울에는 이미 한여름을 대비해 옷을 만들어야 한다. 수능이 끝나고 대입 전형이 한창일 때에 대학의 학번 정책을 생각해본다는 것은 너무 이른 듯해 보이지만 오히려 늦은 감이 있다. 학번은 당연히 학교에서 만들어주는 것 아닌가? 그동안 학번에 대해 누가 문제를 제기했던 적이 있었나? 학번에도 무슨 정책이 필요한가? 누군가에게 학번에 대해 논의해 보자고 제안하면 이런 생각들이 먼저 들지 않을까 싶다. 그동안 학번은 학교에서 만들어주는 것이었고 누구나 이를 당연하게 여겨왔다. 하지만 학번을 정하는 것에 있어서도 세심한 행정의 손길이 필요하다. 학번을 부여하는 대학이나 그것을 받아들이는 학생 모두 관행에 익숙해져 잘 느끼지 못할 뿐이다. 고정관념을 버리고 생각을 따라가다 보면 지금의 학번 부여 방식이 오히려 이상해 보일 수 있다. 현재 대학 대부분은 학번을 앞의 네 자리는 입학 연도, 그 뒷자리는 이름순과 같이 나름대로 기준에 따라 일련번호를 부여한다. 일부 대학은 중간에 학과 코드를 하나 더 넣기도 한다. 이렇게 부여된 학번은 관리에 편한 장점은 있겠지만 서열, 집단, 군대, 통제, 관료적 등과 같은 단어의 이미지에서 벗어나기 어렵다.

　학생들이 학번을 선택하도록 하면 어떨까? 필자는 2013년 신설된 전문대학원에 근무하게 되면서 이 생각을 직접 실현해 볼 기회를 얻었다. 이른바 '학번 선택제' 기획안을 만들어 내부의 허락을 받았다. 입학 연도와 학과 코드는 학교 기준에 따르되, 맨 뒤의 네 자리는 기존의 일련번호 대신 9,999개의 번호 중에서 학생들이 마음대로 선택하도록 한 것이다. 첫 학기에는 학생들에게 직접 물어서 학번을 선택하도록 했지만, 그 이후부터는 간단한 프로그램을 만들어 합격자 공고를 낼 때 이 프로그램을 연결해 두고 선택하도록 했다. 첫 학기에 신입생 19명이 선택한 학번의 끝 네 자리는 생년월일, 전화번호, 기념일 등 기억하기 쉬운 번호(13명), 학부 시절의 학번(2명)이었고, 한 명은 1004번을 선택했다. 여태껏 주어진 학번에 익숙해진 대학원생들의 현실적인 선택 결과였다. 이 학번은 '당신이 선택한 학번은 어떤 의미가 있는가?'라고 묻곤 하면서 신입생에게 다가갈 수 있는 좋은 계기를 마련해주기도 하는데, 이 질문에 어떤 학생은 이성 친구와 만날 날을 학번으로 선택했다고 대답했다. 이 학생은 자신만의 이야기가 담긴 정감 어린 학번을 가지게 된 것이다. 이러한 학번은 창조성, 다양성, 자유로움, 아름다움, 능동적 참여 등과 같은 이미지와 연결된다.

　지금의 학번 체계는 주민등록번호와 닮아있다. 세계적으로 유례를 찾아보기 어려운 강력한 주민등록번호는 1962년의 주민등록법 제정으로 시작되어 1968년의 이른바 '1·21사태'를 계기로 크게 강화하여 오늘날 우리가 당연하게 여기는 13자리 체계로 자리 잡았다. 정부는 늦게나마 이에 대한 부작용을 인식하고 정보보호를 강화하고 나섰지만 어쩐지 앞뒤가 맞지 않는다. 궁여지책보다는 주민등록 번호 체계 자체를 고민해봐야 한다. 하지만 우리는 모두 관리 위주의 학번에 길든 지 오래다. 그래서 사회의 코드들에 대한 문제점을 인식하기 더욱 어렵다. 지금의 학번은 대학의 개인정보보호 차원에서도 바람직하지 않을 수 있다. 또한 학번에 학과 코드와 같은 정보가 들어가 있으면 학문의 소통을 가로막는 장애가 되기도 한다. 학번을 다시 되돌아보고 나아가 학교에서 사용하는 다른 번호체계도 둘러보는 계기가 되었으면 한다.

학생이 선택하는 학번 이야기는 필자의 책 『대학행정인의 생각』에서 자세히 언급했다. 그런데도 칼럼을 통해 다시 이야기하는 것은, 학번이나 코드에 대해 대학이 좀 더 신중하게 인식하고 변화했으면 하는 희망 때문이다. 환경호르몬의 위험성을 안다면 화학물질을 함부로 남용할 수 없다. 행정을 하면서 무의식적으로 남용하는 코드는 이 환경호르몬과 같은 독성을 가지고 있어 사람과 조직을 다치게 할 수 있다. 코드로 줄을 세우고, 구분하고자 하는 것은 일부 행정적 편의가 있을 수 있지만, 그로 인한 부작용은 생각보다 크다.

"앞자리 몇 번 대 직원은 ○○교육을 받으세요.", "몇 번 대 직원은 ○○ 대상자가 아닙니다." 조직 내에서 이러한 얘기는 아주 흔히 들을 수 있다. 사람을 코드로 바꾸고, 코드에는 신분을 구분하는 정보가 들어 있다. 그래서 길게 설명할 필요 없이 코드명만 대면 아주 편해진다. 그러나 이러한 코드체계는 넘을 수 없는 벽을 만들고, 우등과 열등을 나눈다. 그래서 사람에게 상처를 주고 그 분류체계로 고착시킨다. 코드는 그러한 의도가 없었다고 하겠지만 코드는 환경호르몬처럼 우리의 생각을 서서히 병들게 만든다. 호르몬처럼 코드 또한 사용을 줄이는 노력을 해야 한다. 사람은 코드가 아니라 이름으로, 그리고 그 사람과의 아름다운 추억으로 기억해주는 것이 좋지 않을까?

35. 지금까지 이런 팀은 없었다

캠퍼스의 2월은 한 해를 갈무리하면서 새로운 시작을 준비해야 하는 시기다. 우리 팀은 한 해의 일들을 주제별로 정리해서 연간 활동보고서를 만들었다. 팀이 생긴 첫해부터 매년 2월이면 항상 발간해 왔는데 4년 차인 올해는 분량이 900여 쪽이 될 만큼 두툼해졌다. 이 보고서는 주요 부서에 책자로 배포하고, 또 교내 네트워크 시스템에도 원문을 그대로 공개한다. 팀의 공식적 활동은 최대한 기록·공개되어 조직에 보탬이 되도록 해야 한다는 것이 우리 팀의 생각이다. 이렇게 2월의 공적인 업무는 정리되어 갔다.

이제 다른 하나의 마무리가 남아 있다. 우리 팀이 신설된 이후부터 4년간 조직을 이끌어 온 본부장이 다시 교수 본연의 일상으로 복귀할 수 있도록 헤어짐을 준비하는 일이다. 우리는 본부장을 위한 기념앨범을 제작하기로 했다. 팀원끼리는 이 비밀작업을 본부장의 이름 첫 글자를 따서 'YC 프로젝트'라고 했다. 4년을 되짚어 우리의 추억을 간직한 사진을 모아 주제별로 정리를 해 나가다 보니 처음 생각보다 분량이 많아졌을 뿐만 아니라 프로젝트의 의미도 더 깊어졌다. 이 일은 팀원 N이 주로 맡아서 진행했다. 그런데 운명의 장난처럼 N은 2월 말로 퇴사를 해야만 하는 당사자였기에 우리는 본부장뿐만 아니라 N과도 이별을 준비해야 했다. 우리는 작업 중간에 목표를 일부 수정했다. 본부장만을 위한 기념앨범이 아니라 우리 팀 모두를 위한 의미 있는 기록물을 만들기로 했다. 팀원들은 이 일에 점점 더 몰입하였는데, N이 우리 팀에서 근무하는 마지막 날 밤이 되어서야 이 작업은 완성되었다. 우리는 이 과정에서 '우리 팀의 철학은 무엇이었고 어떤 점이 달랐을까?'라는 자기 성찰적 대화를 많이 했다. 그 덕분에 우리는 전체 조직 속에서 팀과 개인의 역할을 더 객관적으로 통찰해 볼 수 있었다. 그리고 팀원 모두가 서로 공통된 감정을 확인했는데, 그것은 우리가 일을 통해 한판의 신명 나는 놀이를 했던 게 아닌가 하는 느낌이었다. 그래서 이 기록물의 제목은 작업의 마지막 순간에 자연스럽게 하나의 단어로 압축되었다. '일의 놀이터, 4년의 기록'이라고. 그 첫 페이지를 열면 '지금까지 이런 팀은 없었다. 이들은 일꾼인가 놀일꾼인가'라는 문구로 시작한다. 그 안에는 모두 팀원들의 진심을 그대로 담았다.

다음날 우리는 본부장을 포함해 팀원 모두 기차를 타고 강릉으로 떠났다. 바닷가에 도착하자마자 미리 준비해 간 플래카드를 꺼내 마지막 사진을 찍었다. 그날 늦은 시간, 강릉에서 서울로 돌아오는 기차에서 N이 가장 먼저 내렸다. 우리는 기차 안에 앉아있었고 N은 기차가 떠날 때까지 손을 흔들었다. 마지막 인사였다. 기차가 역에 설 때마다 우리는 각자의 목적지에서 하나둘씩 내려 집으로 향했다. 2월의 마지막 날, 본부장은 '일의 놀이터'를 들고 사무실을 떠났고, 우리는 먹먹한 가슴을 안고 한동안 우두커니 서 있었다. 그렇게 2월은 마무리되었다. 니체는 정신의 세 가지 변화에 대해 말했다. 어떻게 하여 정신이 낙타가 되고, 낙타는 사자가 되며, 사자는 마침내 아이가 되는가를. 그리고 '아이는 순진무구함이며 망각이고, 새로운 출발, 놀이, 스스로 도는 수레바퀴, 최초의 움직임이며, 성스러운 긍정'이라 했다. 직장에서 우리는 때로는 낙타로, 때로는 사자로, 때로는 아이의 정신으로 살아간다. 나는 한 총장의 임기 끝에서 우리 팀에게서 잠시나마 아이의 모습을 언뜻 봤다. 그것은 직장인으로서 가슴 뭉클한 감동적인 순간이었다. 이제 떠난 자리에서 새롭게 시작해야 하는 3월이 시작되었다. 새로운 리더십이 자리를 잡고, 새 가족을 맞이하는 활기찬 계절이다. 모두가 그 푸른 바다를 기억한다면, 우리는 강릉으로 가는 기차에 몸을 싣고 바닷가로 달려가 아이처럼 새롭게 모래성을 쌓고 놀 것이다.

ps

〈일의 놀이터〉를 만들고 3년이 지나 지금 이 글을 쓰고 있다. 당시 팀원 중 N은 직장을 그만두었고, N2는 다른 부서로 발령이 났고, H는 육아휴직 중이다. 그 사이 총장도 바뀌었고, 처장도 바뀌었다. 기존 구성원은 필자와 K뿐인데 항상 이 자리에 있지는 않을 것이다. 조직의 리더십이나 팀 구성원은 이렇게 세월에 따라 변화해간다. 하지만 팀의 임무나 요구되는 역량은 3년 전이나 지금, 그리고 앞으로도 한결같을 것이다. 그 한결같은 소망은 팀의 역량이 항상 현재 시점에서 최상이어야 한다는 것이다.

구성원 각자의 관점에서는 업무 경험을 쌓아 정점에 올랐다가 내려놓고 떠나야 하는 사이클이 있다. 24시간 365일 한결같은 에너지를 발휘할 수는 없는 것이다. 이처럼 기복이 있는 구성원을 조합해서 한결같은 역량 수준을 유지하는 것이 팀 운영의 관건이다. 그러기 위해서 팀은 과거에 머물러 있어서는 안 된다. 추억은 구성원 각자의 기억 속에 있으면 된다. 팀은 현재 시점에서 늘 또 다른 〈일의 놀이터〉를 만들어야 한다. 과거에 머물러 있다는 것은 현재 새로움이 없기 때문이다. 새로운 구성원과 현재 시점의 새로운 일의 현장에 있어야 한다. 나무는 늘 그 자리에 있지만 매일 새로워진다. 같은 나무이지만 사실은 매일 다른 나무가 되는 것이다. 그렇지 못하면 고사목이 된다. 팀의 운명도 이와 같다.

36. 자연을 닮은 정책

2019년 12월, '강사법 개정'에 해고 통보받은 전통예술인 K 씨가 사망했다. 석사 이상 학력자만 뽑겠다는 규정에 20여 년 출강하던 대학에 더 못 나가 신변 비관을 이유로 극단적 선택을 했을 것이라고 한다. 비슷한 시기의 또 다른 뉴스가 눈에 띈다. 한국대학교육협의회가 대학기본역량진단을 비롯해 대학혁신지원사업, 국가장학금 Ⅱ유형 등 정부 사업에 대해 개선이 필요하다는 대정부 건의문을 정부 기관에 제출했다는 내용이다. 대교협은 대학기본역량진단에 대해 "경쟁력 있고 특성화돼 있으며, 재정이 건실하고 민주적으로 운영되고 있는 대학 등도 획일적 상대평가로 인해 탈락하는 결과가 나올 수밖에 없다."라며 "대학의 다양성과 건강한 고등교육 생태계를 훼손하게 될 것"이라고 우려를 나타냈다.

어떠한 정책이든 그 바탕에는 획일적 기준이 자리 잡고 있는데, 이 기준은 산술적인 평균이나 다수의 논리를 근거로 삼는 경우가 많다. 하지만 평균이나 다수와 같은 지표는 전체를 가늠할 수 있는 여러 지표 중의 하나일 뿐이다. 조직 속에 있는 각각의 실체는 이 지표와는 관계가 없는 고유한 존재다. 그리고 지표는 그것을 근거로 옳고 그름의 가치판단을 할 수 있는 상황(A)도 있지만 절대 그렇게 해서는 안 되는 상황(B)도 있다. 현실은 상황 A와 B 사이에 놓여 있다. 이를 고려하지 않고 상황 A에서나 적용 가능한 정책을 상황 B에서 시행하면 큰 문제가 될 수 있다. 한 소대의 군인이 강을 건너야 하는 상황을 가정해 보자. 강의 가장 깊은 곳은 160cm이고, 소대원 전체의 평균 키는 170cm이다. 소대장이 소대원의 평균 키를 근거로 모두 강을 건너도록 명령한다면 어떻게 될까? 당연히 키가 160cm가 되지 않는 대원은 큰 화를 당할 것이다. 소대장은 가장 키가 작은 사람을 기준으로 강을 건널 대책을 세워야 함이 마땅하다. 강사법도 마찬가지다. 석사 이상 학력자만 강사가 될 수 있다는 제한은 너무 상황 A 쪽으로 치우쳐 있다는 생각이 든다. 가르칠 수 있는 자격을 단순히 학위 하나로만 판단해서는 안 될 것이다.

정책은 그 자체가 획일적인 속성을 가지고 있고, 정책 입안자는 이 속성에서 벗어나기 어렵다. 이는 대학이 교수와 학생을 대상으로, 또 정부가 대학을 대상으로 정책을 만들 때도 마찬가지다. 또 정책 입안자가 그 정책의 현장과 멀리 떨어질수록 획일적 속성은 더 강해진다. 그것은 현장에서 구체적인 실체를 보지 못하고 주로 지표에 의지해 정책을 만들기 때문이다. 하지만 삶은 구체적이고, 한두 개의 기준과 몇 문장으로 표현할 수 있을 정도로 단순하지 않다. 따라서 정책을 만들 때는 반드시 그 정책이 현실과는 일정한 거리가 있다는 점을 인지하는 것이 매우 중요하다. 이 인지능력은 좀 더 현실적인 좋은 정책을 만들기 위한 기초 동력이 된다. 대상자의 관점에서 정책을 만들도록 할 것이고, 정책의 획일적 기준을 보완해서 실체에 다가갈 수 있는 유연하고 섬세한 정책을 마련하도록 할 것이다.

최근 둘레길엔 나무데크로 만든 무장애 길이 많이 조성되어 있다.

그 길을 걷다 보면 나무데크 한가운데 동그란 구멍 사이로 한 그루의 나무가 올라와 있는 모습을 가끔 볼 수 있다. 길을 만들면서 그 한 그루의 나무를 베어내지 않고 보존하려는 길 만드는 이의 따뜻한 마음이 고스란히 전해진다. 산의 주인은 나무이고 인간은 그 산을 잠시 다녀가는 존재다. 그 점을 잊으면 그 한 그루의 나무는 마주할 수 없었을 것이다. 우리가 다니는 둘레길은 처음엔 산의 굴곡과 나무 사이를 따라 구불구불 자연의 길을 따라 걸어 다녀서 만들어진 것이다. 정책을 만드는 일도 그러한 둘레길이 만들어지는 과정을 닮았으면 좋겠다. 내가 만든 정책이 한 그루의 나무도 해치지 않고, 자연의 길을 따라 나무와 함께 숨을 쉬는 그러한 정책이 되기를.

정책은 구불구불한 현실을 단순한 직선의 세계로 바꾸는 획일화 속성을 가지고 있다. 이 획일적 기준은 강한 곳보다는 약한 고리를 뚫고 지나가게 되고 그곳에 아픔을 더 준다. 획일적 기준은 강자에게는 기득권을 보호해주는 역할을 하지만 약자에게는 진입장벽이 되기 때문이다. 학위는 대학 권위의 상징이다. 학위 있는 권위자만이 강단에 서 있어야 한다는 획일적 기준은 타당해 보인다. 하지만 강의실 강단은 학문적 권위가 아니라 학생이 학문 활동에 도움이 되어야 하는 장이 되어야 한다. 학생이 학위를 가진 권위자를 통해서만 세상을 인식하도록 해서는 안 된다. 현실을 다양한 관점으로 살펴보면, 기존의 정책이 학생을 위한 것인지, 강의자를 보호하기 위한 것인지 여러 생각을 하게 된다.

정부는 대학을 몇 가지 획일적 기준으로 평가한다. 그 평가의 구체적인 대상은 누구이고 무엇을 평가하는가? 캠퍼스 환경? 김아무개 교수의 업적? 이아무개 학생의 성적? 박아무개 직원의 근태관리?. 평가의 대상인 '대학'은 한 집단에 대한 개념이고, 평가의 결과는 캠퍼스 안의 모든 교수, 학생, 직원 개개인에게 구체적으로 영향을 미친다. 평가가 집단과 개인을 동일시하고, 여기에 획일적 기준을 적용하게 되면 약자에게 가혹한 기준이 될 가능성이 크다. 따라서 행정과 정책은 강한 것을 더 강하게 하는 것보다는, 약한 것을 보완하는 데 더 중점을 두어야 한다.

37. 코로나19 바이러스와 대학의 혁신

코로나19 바이러스가 사람을 통해 전 세계로 빠르게 퍼져 가고 있다. 대학 사회도 비상이다. 졸업식 입학식 행사가 모두 취소되는 것은 물론, 거의 모든 대학이 개강을 2주 이상 연기하고 그 이후 2주는 비대면 강의를 할 예정이다. 학사 일정을 늦추고 건물을 통제하고 방역하고 국내로 유입되는 유학생을 관리하는 일련의 행정적 조치가 이루어지고 있다. 이렇게 한 달을 버틴다고 대학 캠퍼스가 예전의 활기찬 모습으로 되돌아올 것 같지는 않다. 어쩌면 한 학기, 아니 한 학년을 버텨야 할지 모른다. 대학이 관료적 대응만으로 바이러스를 차단하는 데에는 일정한 한계가 있다.

대학생들이 학교에 와야 하는 가장 큰 이유는 강의를 듣기 위해서다. 교수가 강의실과 같은 한 장소에 학생들을 모아놓고 지식을 전수하는 이 방식은 서양 대학이 출현한 중세시대부터 이어져 온 수업 방식이다. 바이러스 위기 상황에서도 다른 대안없이 강의실 수업 원칙을 벗어나지 못하는 데에는 여러 원인이 있다. 첫 번째는 정부와 대학 관료의 강력한 규제다. 원격대학과 일반대학으로 구분하고, 일반대학의 원격강의를 일정 비율 이하로 제한하고, 학교 밖에서 이루어지는 수업 방법은 모두 규제를 받는다. 이는 교육의 질을 '관리'하려는 관료적 관점에서는 '목적'이지만 학문적 관점에서는 하나의 '수단'에 해당한다. 이러한 관료적 규제는 대학이 자유롭게 할 수 있는 것이 무엇인지 찾아볼 수 없을 정도로 곳곳에서 세밀하게 작용한다. 두 번째는 대학의 폐쇄성이다. 대학은 국내는 물론 세계 어디든 우리 가까이에 존재한다. 하지만 대학생 누구에게나 열려있는 것은 아니다. 기본적으로 학생은 그 수많은 대학 중 소속 대학 한 군데만 이용할 수 있다. 그래서 학생은 소속 대학에 가야만 강의를 들을 수 있고, 그 학교 도서관에서 책을 빌릴 수 있다. 대학은 산학협력은 물론 지역사회를 넘어 지속 가능한 사회를 위한 플랫폼이 되겠다고 한다. 하지만 대학은 학생들에게는 유독 인색하다. 국내 대학 간에는 더 심하다. 특정한 대학과만 학점교류를 아주 제한적으로 허용한다. 서울의 공유대학 실험도 거의 구호에 그치고 있다. 대학들은 학생들을 위한 공유 플랫폼을 확장하기보다는 담장을 높이 쌓고 서로 경쟁하는 관계에 익숙해져 있다.

전 세계가 실시간으로 연결되어 있고 무한대의 지식이 손에 들려져 있는 이 시대에 학생들은 강의실이라는 로컬에 갇혀 있다. 혁신은 강의실에서부터 시작해야 한다. 그 중심에는 교수가 있다. 정부와 대학 본부가 지금 이 위기 상황을 관료적으로 해결해주기만을 기다려서는 안 된다. 대학은 학문의 자유를 가지고 있고, 그 자유는 교수에게서 나온다. 지금은 전통적인 강의실 교육이 아닌 다른 방법을 찾아야 할 때다. 그것이 대학이 지금의 바이러스 위기를 극복할 수 있는 궁극적인 해결책이기도 하다. 지금 당장 할 수 있는 일은 많다. 교수가 수강한 학생들 한 사람 한 사람을 위한 교육 방법을 제시할 수 있다. 그 학생이 아직 멀리 고향이나 해외에 있다면 우선 학생 가까이에 있는 대학의 특정한 강의에 들어가서 수업을 듣도록 할 수도 있다. 책이나 논문을 읽도록 지도할 수 있다. 그렇게 공간적 제약을 넘어 '진리의 커뮤니티'(이 용어는 『가르칠 수 있는 용기』에서 인용함)를 만들어 갈 수 있다. 위기는 곧 기회다. 이 위기를 통해 대학 교육 혁신의 기회로 만들어야 한다. 만 명을 위한 행정정책보다 한 명의 교수가 한 명의 학생을 어떻게 교육할 것인가를 먼저 생각하고, 행정은 그 뒤를 지원하는 구조가 되어야 한다. 그래야 대학의 목적이 수단을 필요로 하는 정상적인 관계로 환원된다. 지금이 관료적 틀 속에서 벗어난 학문의 자유가 필요한 시점이자 대학혁신의 기회다.

2022년 3월, 사무실에 앉아서 입학식 풍경을 유튜브로 지켜봤다. 코로나19가 발생한 지 2년이 지났지만, 오히려 확진자는 하루에 20여만 명에 이르는 상황이었다. 이전 해에는 입학식 행사를 하지 못했다. 확진자는 늘어나지만 3년째 비대면을 할 수 없는 상황에서 치러진 입학식 행사는 묘했다. 단상에는 총장을 비롯한 최소한의 주요 인사만 앉아있었고, 단상 뒤편에 대형 LCD 화면이 설치되었다. 객석에는 단과대학을 대표하는 학생들만 참석했고, 학생들은 각 단과대학 강당에 모여 있었고, 단상의 대형 LCD 화면을 통해 이 모습이 비쳤다.

코로나19 사태 이후 2년 동안 무엇이 바뀌었을까? 입학식은 여전히 코로나19 이전의 모습으로 되돌아가고자 하는 의지만 읽혔다. 모이지 못하니 각자 흩어져서 온라인으로 참석하는 형식 말고는 그 이전의 행사와 다르지 않았다. 아마도 코로나19가 정점을 찍고 한풀 꺾이면 대학은 예전 모습 그대로 회귀할 것 같은 분위기를 느꼈다. 입학식이 끝나면 대면과 비대면 수업을 병행하는 어수선한 학기가 시작된다. 어느 대학의 수업 담당 직원은 왜 대면 수업을 강행하느냐고 학생들로부터 항의 전화를 많이 받는다고 한다. 대학은 2년 동안의 비대면 강의 경험이 미래형 교육을 앞당길 기회가 되었는지, 어떤 준비를 해왔는지에 대해 진지하게 성찰해 볼 필요가 있다.

38. 갯벌은 살아있다

바닷물이 드나드는 갯벌은 어디까지가 땅이고 바다인지를 굳이 구분하지 않는다. 스스로 그렇게 모호하게 존재한다. 견고한 땅이 더 소중해 보이는 인간에게 그러한 갯벌은 그저 쓸모없는 불모지로 취급을 받았다. 그래서 인간은 간척사업이라는 이름으로 땅과 바다를 콘크리트로 갈라 갯벌을 없애고 농업이나 공업용지로 활용했다. 단순한 이분법적 논리다. 하지만 칠게에게는 갯벌이 삶의 터전이다. 인간은 생태계가 파괴되는 현장을 목격하고 나서야 그 애매한 존재의 소중함과 가치를 깨닫기 시작했다.

간척사업과 같은 사고 구조는 사회 조직에 깊은 영향을 미친다. 조직 자체는 인위적인 구분이 있어야 성립되고, 그 안의 모든 규칙은 이것과 저것으로 나누는 이분법적 사고를 바탕으로 만들어진다. 우리는 그렇게 만들어진 규칙 속에 갇혀 산다. 조직의 안과 밖, 내가 속한 집단과 그렇지 않은 집단은 더욱 명확하게 구분해서 담을 쌓아 올린다. 대학 간의 담장은 더욱 높아져 간다. 그래서 학생은 특정 대학에 진입할 유일한 기회를 놓치지 않기 위해 12년 동안 입시에 매달린다. 대학 안에서 집단 구분은 명확하다. 전공, 연구소, 행정부서와 같은 물리적 조직은 종횡으로 엄격하게 구조화되어 있다. 수많은 전공과 교과목이 나누어져 있고, 전공 간 교과목 구분은 엄격하다. 학술연구 분야는 한국연구재단 기준으로 4,240개나 된다. 직원과 교수의 구분은 분명하고 각자 그 안에서의 서열도 명확하다. 직원은 업무별, 직군별, 직위별로 구분된 각자의 칸막이 안에서 벗어나지 않는다. 교수의 구분은 수없이 많고, 학과 조직은 견고하다. 대학 조직의 칸막이 작업은 마치 간척사업을 하는 과정을 닮았다.

조직의 간척사업은 그 끝이 보이지 않는다. 그럴수록 이것과 저것의 경계에 있는 '사이 존재', 즉 대학 조직의 갯벌은 사라져 간다. 그렇다면 사라진 사이 존재로 인해 조직 생태계가 위험해지지는 않을까? 간척사업으로 인해 생태계가 위협을 받고 있다는 사실을 깨닫게 되는 것처럼, 우리는 그러한 신호를 감지할 능력은 있을까? 2011년 어느 시간강사는 자신의 생을 스스로 마감하면서 사이 존재의 문제점을 알렸다. 그리고 2019년 겨우 강사법이 시행되었다. 미봉책이지만 그래도 강사의 입장에 서서 사회가 그들을 위한 작은 공간을 마련해 나가는 과정일 것이다. 강사뿐인가? 대학의 사이 존재는 많다. 대학과 대학 사이는 존재할 수 없는가? 전공과 전공, 전공과 연구소 사이는 어떤가? 부서와 부서, 부서와 연구소 사이의 조직도 가능하지 않을까? 교과목과 교과목, 4,240가지의 학문 분야 사이는 건널 수 없는 계곡인가? 대학에 오로지 직원과 교수라는 전통적 영역만 고집할 필요가 있는가? 행정과 연구, 교육 사이의 존재는 불가능한가?

봄은 왔지만, 코로나19 바이러스로 캠퍼스는 문이 닫혀 조용하기만 하다. 교수는 연구하면서 생소한 온라인 강의를 준비해야 하고, 직원은 전례 없는 사태에 대응하느라 더 바쁘겠지만 학생이 없는 캠퍼스는 바닥을 드러낸 저수지처럼 변했다. 그리고 대학은 학생들과 온라인으로 소통하며 최소한의 교육 기능은 유지하고 있다. 이 정도면 대학의 역할을 다한 것인가? 당연히 그렇지 않다. 사회는 대학에 그 이상을 기대하고 대학은 그러한 기대에 부응해 왔다. 대학은 교육과 연구라는 기본적 기능을 수행하는 곳일 뿐만 아니라 측정할 수 없는 사회적 가치를 만들어내는 공간이다. 그것은 견고한 대학 내부의 조직만이 아니라 사이 존재 곳곳에서 발현된다. 대학과 사회가, 조직과 사람이 갯벌처럼 교차해서 무궁무진한 생명력의 원천을 만들어내는 것이다. 엎어진 김에 쉬어간다고 한다. 이참에 그동안 잊고 있었던 대학 본연의 역할, 그리고 대학 내의 사이 존재에 대해 생각해보는 기회로 삼았으면 좋겠다.

연구교수? 박사후연구원? 신진연구인력? 리서치펠로우?. 대학에 머물며 연구 또는 강의하는 이들을 부르는 말들이다. 전임이 아닌 이들은 뭐라고 정의 내릴 용어조차 정리가 되지 않았다. 이들 중의 누군가는 언젠가 전임교원이 될 것이고, 그 순간 이들의 인생은 한순간에 점프하게 된다. 갑자기 슈퍼능력이 생기는 것도 아닐 텐데 신분 격차는 하늘과 땅 차이만큼이나 크다. 왜일까?

대학과 정부는 오로지 전임교원의, 전임교원에 의한, 전임교원을 위한 정책에 치중하고 있다. 그 결과 '사이 존재'가 한 계단씩 올라 전임교원에까지 오를 수 있는 성장 사다리가 존재하지 않는다. 대학의 산학협력단 법인은 이 '사이 존재'에게 더 위협적인 조직이 되어가고 있다. 기존의 총장 발령에서 이제는 총장이 아닌 산학협력단장 발령의 연구원 신분으로 바뀌어 가고 있다. 더욱 추락하는 위상과 처우에도 이들의 하소연을 들어줄 데도 없다.

1863년, 링컨은 미국의 300만 명에 이르는 노예의 해방을 선언하였다. 그리고 남북 전쟁이 민주주의 유지를 위한 전쟁이라고 규정하며, '국민의, 국민에 의한, 국민을 위한 정치'를 주장했다. 대학 사회는 '전임교원'만이 구성원이 아니다. 교육과 연구는 전임보다도 훨씬 많은 수많은 비전임, 강사들, 그리고 사회와 연결된 '사이 존재'가 함께 하고 있다. 대학의 정책은 이들 모두를 위한 것이어야 한다.

39. BK21사업과 대학 재정지원 정책

2020년 10월 말, 한국연구재단은 4단계 BK21사업 최종 선정 결과를 확정했다. 2019년 6월 28일 코엑스에서 BK21사업 20주년 기념 심포지엄 행사와 함께 4단계 사업 세부기획 연구결과를 발표한 이후 16개월 동안의 치열한 게임이 일단락된 것이다. 그동안 이 게임에 참여한 대학들은 몸살을 앓았다. 잠시 숨 고를 이 시기에 정부의 대학 재정지원 정책에 대해 여러 관점에서 되돌아보는 것도 좋겠다.

BK21사업은 '미래 국가경쟁력 제고를 위해 우수 대학원의 교육·연구역량 강화 및 학문후속세대 양성을 추진하기 위한 사업'이라고 정의되어 있고, 사업평가 항목은 크게 교육역량, 연구역량, 제도개선 및 지원 세 영역으로 되어 있다. 이 사업을 통해 연구지원, 인력양성, 대학혁신을 동시에 추구하겠다는 정부의 의지가 보인다. 하지만 연구역량은 교원, 인력양성은 학생, 대학혁신은 대학이 주 대상이다. 이처럼 서로 다른 대상에 대한 정책이 모두 같을 수 없다. 따라서 BK21사업으로 이 세 마리 토끼를 한꺼번에 쫓겠다는 전략은 자칫 모두 놓칠 우려가 있다. BK21사업이 대학원 인력양성을 위한 사업이라면 그들을 위한 정책에 모든 역량을 집중하는 것이 좋다. 그러한 측면에서 BK21사업이 학부생들을 대상으로 하는 국가장학금 제도를 벤치마킹하거나 아예 이 국가장학금 대상에 대학원생까지 확대 적용하는 정책도 고려해볼 만하다. 대신 교원의 연구지원이나 대학의 혁신은 다른 사업을 통해서 실현하면 된다.

정책 설계자는 대학 재정지원사업에 기본적으로 대학의 구조조정을 전제 조건으로 요구하려는 유혹에 쉽게 빠져든다. 산학협력 선도대학 육성사업(LINC)은 산학협력, BK21은 대학원이 중요하다고 하고 대학이 그렇게 변화하기를 요청한다. 여기에 두 사업 모두 대학의 혁신을 요구한다. 말 그대로 대학의 혁신을 목적으로 하는 대학혁신지원사업도 별도로 존재한다. 그러다 보니 정부는 각 사업의 중복성을 우려하고 대학이 그 책임을 지고 증명하도록 하고 있다. 이처럼 사업별 회계 투명성 등의 부분적 수단을 강조하다 보면 대학은 스스로 존재 목적을 추구하기보다는, 정부의 사업 기간과 목적에 맞춰 길드는 조직으로 변화되어 갈 수밖에 없다.

대학이 정부의 재정지원사업 또는 사회의 필요에 따라 신속하게 적응해가는 것이 대학이 발전해가는 과정이라고 할 수도 있지만, 다른 관점에서 보면 이는 대학의 기초가 흔들릴 가능성도 있다. 대학은 기초가 튼튼하면 학부 교육도, 대학원 교육도, 연구도, 산학협력도 잘할 수 있다. 다른 것은 잘하지 못해도 교육만큼은, 또는 산학협력만큼은 잘할 수 있다고 하는 대학은 오래가지 못한다. 가지에 매달린 하나의 사과에만 영양제를 투여하는 것은 임시방편이다. 대학의 기초는 교원과 학생, 그리고 그들이 머무는 캠퍼스 인프라이다. 이 기초가 튼튼하게 뿌리를 내릴 수 있도록 지속 가능한 '지원' 정책을 펼칠 수 있는지가 관건이다. 따라서 정부는 '대학재정지원사업'

이 아니라 '대학재정지원'으로 정책 패러다임을 전환할 필요가 있다. 그 지원 방법이 당장 성과를 측정해야 하는 R&D '사업' 방식일 필요는 없다. '지원'과 '사업'은 추구하는 방향과 개념이 서로 다르다. 또 하나, 매번 사업이 종료될 시점에야 다음 사업 선정 규칙을 논의하는 관행도 혁신해야 한다. 새로운 사업이 시작하는 시점에 항상 다음 단계의 기본계획이 함께 공지되는 것이 원칙으로 자리 잡아야 한다. 규칙을 미리 제시하는 시간에 비례해서 사업의 효과는 더욱 커진다. 10년 동안의 LINC '사업'이 마무리되는 이 시점에서 3단계 '지원' 계획은 아직도 안개 속이다. 매년 새해엔 작은 변화 한 가지씩만이라도 있으면 좋겠다. 2022년 새해엔 2027년에 시작될 5단계 BK21 '지원' 계획이 발표되었다는 소식을 듣고 싶다.

대학의 입장에서 BK21사업과 같은 정부 재정지원사업에 대해 소신 있는 글을 쓰기는 쉽지 않다. 지원기관을 자극해서 연구비 수주 경쟁에서 불이익을 받으면 안 된다는 생각 때문이다. 대학이 당장 먹고살기 바쁜데 정부의 지원제도를 탓할 수 있을까? 이러한 이유로 정부 정책에 대해서는 건전한 비판은 찾아보기 어렵다. 정부의 설명회장에는 전국대학에서 온 대학 관계자로 인산인해를 이루고 모두가 공무원의 말 한마디에도 온 신경을 다해 듣고 받아적는다. 2019년 6월 28일 코엑스에서도 마찬가지 풍경이었다. 그리고 BK21사업, 산학연협력 선도대학 육성사업(LINC)의 본격적인 경쟁이 시작되면 대학은 사력을 다해 계획서를 작성한다. 대학의 기존 목표와 전략은 모두 이 사업을 위해 다시 재조정된다. 좋은 평가를 받기 위해 아주 세부적인 계획서 작성지침에 따라 작성하다 보면, 대학의 모든 자율적 경영권은 어느새 사라지고 모든 대학이 획일화된 기준으로 통제된다. 대학이 사업계획서에 온 힘을 다해 몰입하는 이 에너지를 교육과 연구에 쏟아부었다면 아마도 엄청난 성과를 냈을 것이다. 대학이 서로 치열한 경쟁체계로 내몰린 상황에서 평가를 위한 모범 답안을 제출해야 하는 구조가 안타깝다. 그 답안지에는 대학과 사회가 공유, 협업, 상생하는 방안이 담겨 있다. 경쟁 현실과 상생 답안이라는 모순된 상황이다.

40. 대학의 미래

올여름 가족 휴가는 코로나19를 피해 사람들이 드문 곳에서 조용히 보냈다. 휴가 이틀째 오후 2시, 20학번 대학생인 아이가 온라인 수강신청을 시작하는 시간이다. 이날은 주전공 학생들만 신청하는 기간이라 원하는 과목을 신청하는 데 성공했다. 이틀 후 오전 9시, 모두에게 기회가 제공되는 전체 수강신청이 시작되는 시간이다. 와이파이도 잡히지 않는 곳이라서 노트북을 스마트폰 핫스팟으로 연결하고, 수강신청 홈페이지와 초 단위 시계를 띄워놓고 결전의 순간을 기다린다. 9시 정각, 가장 빠른 손놀림으로 엔터키를 누른다. 1초도 안 되어 승부는 끝났다. 몇 개 과목은 수강신청에 실패했다. 화면 뒤에서 조용히 학생의 마음으로 지켜봤다. 과목마다 수강정원과 남은 자리가 표시되어 있는데 겨우 몇 자리밖에 남아 있지 않았다.

10여 년 전, 아이가 보고 있는 화면에 교과목을 제공하는 담당자였다. 교육의 공급과 수요 사이에서 벌어지는 클릭 전쟁은 그때나 지금이나 변함이 없다. 그때의 대면 강의 교과목은 강의실 좌석 수에 따라 수강정원이 제한을 받았다. 코로나19 이후 대학교 수업은 전면적으로 온라인 수업으로 전환되었고, 지금 클릭 전쟁을 통해 수강하게 될 교과목도 모두 온라인으로 들어야 할 가능성이 크다. 온라인 수업에는 강의실 제약 조건이 없다. 하지만 대학의 수강정원 제한 정책은 변함이 없다. 대학과 정부는 코로나19 상황이 끝나 학생들이 강의실로 돌아올 날만을 기다리고 있는 듯하다. 수강인원이 적으면 좋은 강의라는 인식은 여전하고, 온라인 강의에 대한 차별의 벽은 여전히 높다. 대학기본역량진단 지표 중 2020년 강의 규모의 적절성 지수는 수강 학생이 30명 이하면 0.4, 50명 이하면 0.3, 100명 이하면 0.2, 200명 이하이면 0.1을 가중해서 산출한다. 201명 이상이면 아예 0점으로 평가한다. 이러한 작은 지표 하나하나가 쌓여 대학을 평가하는 기준이 된다.

책 『대학의 미래』는 저자인 케빈 캐리가 MIT의 「생물학 입문-생명의 비밀」을 수강했던 경험으로 시작해서 기존 대학의 문제점을 예리하게 파헤쳐 나가는 내용으로 구성되어 있다. 에릭 랜더 교수가 강의하는 <생물학 입문>은 MIT와 하버드 대학교에서 공동으로 운영하는 온라인 교육과정이다. 이 수업은 MIT 모든 신입생의 필수 과정이지만 교육과정 설계와 운영에 수백만 달러를 투자해서 누구나 무료로 수강할 수 있도록 했다. 덕분에 MIT 학생도 아니고, MIT에 가본 적도 없는 케빈과 전 세계에 있는 수만 명의 학생이 이 과목을 수강했다. 케빈은 이와 같은 '어디서나 닿을 수 있는 대학(University of Everywhere)'이 대학의 미래가 될 것이라고 봤다.

『대학의 미래』가 쓰인 시점이 2015년이라는 점이라는 점을 고려하면 '어디서나 닿을 수 있는 대학'은 우리 곁에 더 가까이 와 있을 것이다. 교육과 기술이 결합한 에듀테크 분야는 하루가 다르게 성장하고 있다. '비교적 적은 수의 과목을 수십억 명에게 가르치기 위해 설계된 디지털 학습 환경'과 대규모 투자를 통한 규모의 경제로 '꿈의 교육'이 실현되고 있다. 이러한 변화 속에서 대학이 코로나19 이후 전통적으로 고수해온 온 소규모 교실 강의로 그대로 돌아가려는 것은 도태의 길로 접어드는 것이다. 누구나 이를 잘 알고 있지만, 대학이 스스로 구조적 혁신을 이루어 진로를 수정하기는 쉽지 않다. 다만, '학생들이 원하는 과목을 수강할 수 있게 해주는' 대학의 기본적인 의무에서부터 다시 생각해봤으면 한다. 이는 단순히 강의실 좌석 수나 학생들의 무분별한 수요의 문제가 아니라 궁극적으로 대학의 미래를 생각하게 해주는 좋은 화두가 될 것이다.

대학은 인류의 과거와 현재, 미래를 간직하고 있는 곳이다. 천 년 전의 고풍스러운 건물뿐만 아니라 인류 역사의 지성을 보관하고 있고, 현재의 우리 사회를 이끌어갈 인재를 양성하고 인류의 미래를 위해 끊임없이 연구한다. 대학은 천 년 동안 이어져 왔고 인류의 중요한 자산임에는 틀림이 없다. 하지만 대학 조직은 사회의 다른 조직에 비해 항상 시대에 뒤처진 존재로 인식되었고, 혁신의 대상이 되기도 했다. 대학 조직을 움직이는 행정 능력은 효율적이지 못하다는 것이 역사를 통해 증명되었다고 볼 수 있다.

대학 운영체계, 즉 행정의 대전환이 필요하다. 그러기 위해서는 끊임없는 질문을 통해 천 년 동안 단단하게 굳어버린 대학 행정에 대해 진지하게 성찰해야 한다. 대학 조직은 왜 관료제도를 택했을까? 교육의 공급이 꼭 폐쇄적이어야 하나? 시간과 장소에 구애받지 않는 대학도 가능하지 않을까? 교수와 학생의 수직적 관계가 아니라 위대한 주제를 탐구하는 수평적 관계는 될 수 없을까? 이러한 질문에 답을 해야 하는 분야는 학문의 영역이 아니라 행정의 영역에 속한다. 그러나 놀랍게도 대학의 역사에서 대학 행정의 역사는 거의 기록되지 않았다. 그동안 대학은 자신을 담을 그릇을 만드는 일에 너무 소홀했기 때문이다. 하지만 대학 행정에 대한 성찰이 없으면 대학의 존재 자체가 위협을 받는다. 대학의 미래는 대학 행정의 경쟁력에 달려 있다.

행정의 개념설계 100

행정의 개념설계 100 설명서

　행정의 개념설계 100은 "행정이란 무엇일까?"라는 화두에 대한 필자의 아이디어 노트와 같다. 편의상 개념마다 별도의 번호를 붙여 두었는데, UC는 제1장의 두 번째 글에서 설명한 대학 코디네이터(University Coordinator)의 약자이다. 이 개념설계의 번호순서는 의미가 없다. 대체로 아이디어를 생각한 순서와 비슷하다. 애써 개념을 내용에 따라 분류하여 정리하지 않은 것은, 생각이 특정한 분류체계에 갇힐 우려가 있기 때문이다. 그림은 모두 고죽(古竹) 최보윤의 솜씨이다.

　여기에 실려있는 100가지 개념에는 특별한 정답이 존재하지 않는다. 각 개념에 대해 사람마다 공감도가 낮을 수도 있고, 전혀 다른 의견을 가지고 있을 수도 있다. 다만 이 개념설계는 내용보다도 행정에 대한 개념을 설계해 보는 과정 자체가 더 중요하다. 따라서 여기에 실려있는 개념은 모두 잊고 각자만의 다양한 관점으로 100가지 개념을 설계해 보는 것이 이 부록을 활용하는 가장 좋은 방법이다. 아울러 이 부록의 개념은 앞의 본문 글에 많이 활용되었다. 어디에서 어떻게 활용되었는지 본문과 개념을 비교해서 살펴보는 것도 도움이 될 것이다.

UC_001 조각가

조각가는 정으로 돌을 깎아 작품을 만든다. 조각가의 손에 따라 생활에
필요한 유용한 제품이 만들어지기도 하고, 예술작품이 나오기도 한다. 대학
행정(인)은 일상 속의 일들을 다듬어 하나의 완성된 행정체계를 갖추게 한
다. 그것은 완성된 조각가의 작품과 같다.

조각가의 작품은 내가 보고 만질 수 있고, 우리가 쉽게 감상할 수 있는
구체적인 실체다. 하지만 대학 행정(인)의 작품은 그 행정체계에서 직접적
인 경험을 통해서 드러나게 되는데, 좋은 작품일수록 없는 듯 은은하여 그
작품을 감상하기가 쉽지 않다.

촛불은 불을 밝혀서 주위의 사물을 알아볼 수 있도록 한다. 촛불을 밝히면 어둠 속에서 보이지 않던 가구와 책들이 보인다.

행정은 서비스 대상자에게 촛불이 되어 주어야 한다. 어떻게 해야 할지 모르는 민원인에게 절차를 알려주고, 학생에게 학사절차를 알려주고, 교수에게 강의를 개설하고 관리하는 절차를 알려주는 일은 모두 그들에게 필요한 행정의 실체를 드러나게 하는 촛불의 역할과 같다.

UC_003 교각과 교량

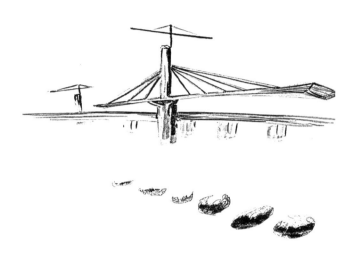

교각 위에 교량을 얹어 다리가 된다. 교각은 독립적으로 수직의 세계를 쌓아가는 특징이 있고, 교량은 수평적 연결을 지향한다. 교각과 교량을 만드는 기술은 전혀 다르다.

조직 속의 개인과 부서가 각자의 전문성을 높이 쌓으려는 것은 교각을 만드는 것과 같다. 하지만 교각을 만드는 것은 교량을 놓기 위함이다. 행정은 두 가지 기술을 갖추어야 한다. 첫째는 각자가 튼튼한 교각을 만들 수 있는 전문성을 가지고 있어야 하고, 두 번째는 각 교각을 연결해서 교량을 만들려는 마음과 그것을 만들 수 있는 연결지능이다. 교량을 만들 생각도 없고 그러한 기술도 없는 행정조직은 징검다리 수준의 원시적 시대를 벗어날 수 없다.

눈사람 만들기

한 주먹의 눈 뭉치를 굴려서 큰 눈사람을 만들 듯, 작은 화두 하나가 다양한 생각을 받아들여 큰 생각을 만든다.

출발점에서 벗어나지 못하고 제 자리에 머문다면, 다른 생각을 받아들이지 못하고 눈사람을 만들지 못한다.

UC_005 행정은 삼시세끼

어느 순간 우리 사회는 삼시세끼와 같은 프로그램에 빠져들었다. 주방에서 음식을 만드는 주방이 주 무대가 되고, 음식을 만드는 사람들이 주목받기 시작했다. 음식을 만드는 것은 특별할 것 없는 일상이었고, 허드렛일로 취급받았던 때를 생각하면 격세지감이다. 삼시세끼는 일상의 소중함과 가치를 깨닫게 해준다.

행정은 조직에서 삼시세끼와 같은 존재다. 누군가 알아주지 않아도 항상 조직을 유지시켜 주는 역할을 묵묵히 수행해 오고 있었다. 돋보이지 않게 일상을 지켜주는 역할이 더욱 소중한 가치가 있다. 행정은 그러한 분야 중의 하나다.

UC_006 광주리 조직도

우리가 알고 있는 조직도는 각 조직이 총장을 정점으로 갈라져 내려와 하위 팀으로 연결된 피라미드 구조를 이룬다. 이 조직도를 보면 팀의 역할과 소속, 그리고 위계적 권한 관계를 한눈에 파악할 수 있다. 하지만 현실은 이 조직도처럼 움직이지 않을뿐더러 조직도에서 구분해놓은 것처럼 정확히 어느 한 팀의 일이 되지 않는다. 그래서 조직이 현실과 맞닿으면 조직은 항상 당황한다.

하나의 일에는 모든 팀의 업무가 관여되어 있다. 그래서 조직 관계도는 하나의 대를 이어 만든 광주리처럼 이해되어야 하고 그렇게 그려져야 한다. 그래야 그 광주리에 모든 것을 담을 수 있게 된다.

UC_007 바둑

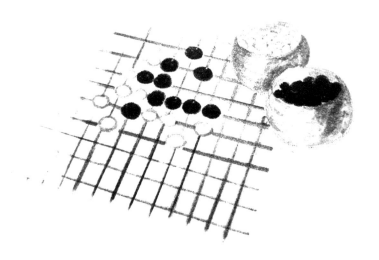

바둑은 번갈아 한 번씩 둔다. 투입되는 돌의 수는 같지만 어떻게 배치되는가에 따라 승부가 결정된다. 조직은 팀이나 구성원의 숫자만으로 경쟁력을 만들 수 없다. 투입된 자원이 어떻게 유기적으로 연결되어 있는지가 더 중요하다.

행정은 혼자만의 행위로 좋은 결과를 만들 수 없다. 바둑판 위의 돌처럼 전체 조직에서 어떤 위치에 놓여있는가에 따라 사석이 되기도 하고 승리로 이끄는 승부수가 되기도 한다.

UC_008 행정 신경망

정점에서 저변으로 잘 연결된 조직도를 보면 위계조직의 구조를 한눈에 파악할 수 있다. 이 조직도는 조직을 타율적 체계·통제된 체계 관점에서 이해하는 데 적합하다.

반면 조직을 명령체계가 아닌 대화와 이해를 바탕으로 한 자율적 체계로 이해하고자 한다면, 조직이 신경망으로 연결된 인적자원의 집합체라는 관점에서 바라봐야 한다. 신경망은 마음으로 연결된 복잡하게 연결된 수평적 관계 구조를 이룬다. 조직의 신경망이 살아 있으면 구성원이 함께 감정과 통증을 느낀다. 반대로 신경망이 끊어져 있으면 바로 옆에서 벌어지는 일에도 전혀 감각을 느낄 수 없다.

　나무는 위로 올라갈수록 넓게 가지를 뻗어 그늘을 만든다. 그리고 나무와 나무가 겹쳐 숲을 이룬다. 반면 피라미드는 위로 올라갈수록 좁아지고 정점에 이른다.

　어떤 팀장은 나무와 같은 역할을 한다. 팀과 팀의 업무가 서로 교차해서 커다란 소통의 그늘을 만든다. 반면 어떤 팀장은 저변에 넓게 퍼진 팀 역량을 수직적인 위계조직의 한 정점으로 수렴해서 가두어 소통을 차단한다.

UC_010 도로명 주소 vs 지번 주소

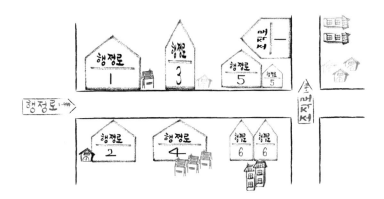

    도로명 주소는 2014년부터 본격적으로 사용되었다. 기존의 지번 주소는 구역 중심이었다면 도로명 주소는 길을 중심으로 주소를 부여한다. 하나의 도로명을 따라가다 보면 여러 지번 주소가 걸쳐 있다.

    조직도 어느 관점으로 운영하는가에 따라 두 가지로 나눌 수 있다. 지번 주소와 같이 부서 조직에 중심을 두고 운영하는 방식, 그리고 도로명 주소와 같이 부서 간의 흐름에 중심을 두는 방식이다. 행정조직은 지번 중심의 운영을 절대적으로 선호한다. 도로명 방식의 조직 운영으로 전환하기 위해서는 부서가 아니라 목적 중심으로 운영의 관점을 바꾸고 길을 만들어야 한다.

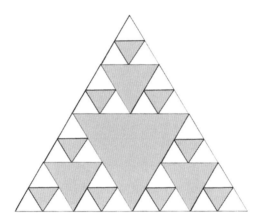

프랙탈 구조는 자기 유사성(self-similarity)과 순환성(recursiveness)을 가지고 있다. 행정도 프랙탈 특징이 존재한다. 작은 일을 하는 과정은 조직 전체가 움직이는 과정을 닮았다. 부분이 모여 전체 구조가 되고, 또 전체 구조가 작은 업무에 그대로 반영된다.

조직 전체를 한순간에 혁신하는 방법은 없다. 내 책상 앞의 작은 일 하나에서부터 혁신하면, 이러한 구체적 실천 경험은 프랙탈 구조를 통해 다른 업무에도 그대로 전파된다. 이 작은 혁신들이 모이면 그것이 곧 조직 전체의 혁신이 된다.

집단 형성이 주는 이익

지면의 각 지점에 수직으로 서 있는 지지대를 허공의 한가운데 정점으로 기울여 서로 기대게 되면 지붕이 된다. 최소 세 개의 지지대가 기대야 넘어지지 않고 정립하게 된다. 정점을 수직으로 떠받히는 지지대가 없음으로 인해 그 아래에 공간을 만든다.

조직의 목표는 어느 한 팀 또는 개인이 떠받힐 수 있는 것이 아니다. 목표는 어느 팀에도 속하지 않는 조직의 한 가운데 허공에 떠 있고, 모든 팀이 지지대가 되어야 달성된다. 한 팀이 만드는 수직적 기둥만으로는 조직의 목표가 달성될 수 없다.

호혜적 이타주의

　책 『이기적 유전자』에 의하면, 친절 행위와 이에 대한 보답 사이에 시간차가 있는 상황에서 서로 등을 긁어주는 '호혜적 이타주의' 관계는 서로 개체로서 식별하고 또 기억할 수 있는 종에서 가능하다고 한다. 이 지연성 호혜주의가 인간의 진화에서 중요한 역할을 했을 것이라 한다. 그리고 다른 개체로부터 자신의 머리에 있는 진드기 제거를 받지만 자기는 전혀 보답해 주지 않는 사기꾼이나 무조건 도움을 주는 봉은 진화의 과정에서 절멸한다고 한다. 조직 내부에 호혜적 이타주의가 없다면 조직의 진화도 없다.

UC_014 짐볼 리더십

　짐볼 위에 앉아 균형을 맞추는 것은 무척 어렵다. 짐볼의 미세한 흔들림
에 반응하지 못하면 곧바로 추락한다.

　리더십은 짐볼 위에 앉아있는 것처럼 조직의 미세한 변화에 민감하게 느
끼고 대처를 해야 한다. 외부의 변화를 느끼지 못하는 리더는 독불장군이
된다.

패러글라이딩 리더십

　패러글라이더는 캐노피와 파일럿이 줄로 연결되어 역피라미드 구조를 형성한다. 캐노피는 각 셀에 공기가 가득 차면 비행기 날개처럼 펼쳐져 공기역학적 성질을 가지게 된다. 파일럿은 캐노피를 일방적으로 끌고 갈 수 없으며, 또 캐노피의 공기가 빠지거나 한쪽 날개가 접히게 되면 균형을 잃고 추락한다. 캐노피의 각 셀은 직원이고, 그 속의 공기는 그 직원에게 부여된 재량권이다. 팀장인 파일럿은 줄을 통해 캐노피를 조정해서 바람을 타고 하늘을 오르내리며 앞으로 나아간다.

UC_016 산행 리더십 vs 가마 리더십

등산할 때는 누구나 자신의 짐은 스스로 지고, 자신의 발로 걷는다. 리더라고 해서 가마를 타고 가는 일은 절대 없다.

조직에서 리더는 자신이 스스로 감당하고 짊어져야 하는 몫이 있다. 이점을 잊고 항상 지시하는 일에 익숙하다 보면 어느 순간 자신의 배낭마저 구성원에게 맡기고 가마를 타고 가게 된다.

리더는 항상 가운데 있어야 하는 것은 아니다. 실무자가 비행기 동체라고 한다면 리더는 기꺼이 동체 양옆에 달린 날개 역할을 해주어야 한다.

중간관리자 리더십의 4가지 유형

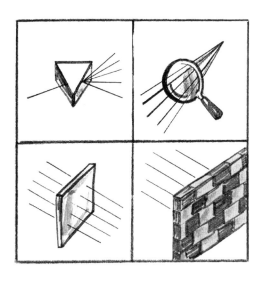

중간관리자는 조직 소통의 허리 역할을 담당하고, 리더십 유형에 따라 조직의 성과 결과가 달라진다. 예를 들면 아래와 같은 중간관리자 리더십 유형이 있을 수 있다.

· 프리즘형 : 역량을 분산시킨다.

· 돋보기형 : 역량을 집중시킨다.

· 투명유리형 : 아무런 영향력이 없다.

· 장벽형 : 소통을 차단한다.

UC_019 생각과 실천

　머리는 가만히 있고 다리만 앞으로 나아가려 하면 뒤로 넘어지고, 다리는 가만히 있고 머리만 앞으로 가면 앞으로 넘어진다. 사람이 걷는다는 것은, 머리와 다리가 함께 움직이는 것이다.

　마찬가지로 머리로 생각만 하고 다리로 실천하지 않으면 아무것도 이룰 수 없다. 생각과 실천이 함께 해야 무언가를 이룰 수 있다.

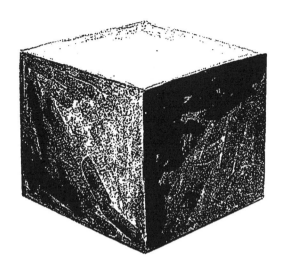

　융합은 3차원 공간 위에 존재한다. 3차원 위의 한 지점은 특정한 2차원 영역 안에만 존재하지 않는다. 서로 다른 2차원 영역과 교차하는 지점에 존재한다. 융합을 기존의 2차원 영역의 한 분야로 인식하고자 하는 것은 달을 보고 서로 자신의 땅 위에 떠 있다고 우기는 것과 같다.

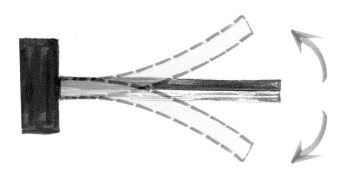

UC_021 행정은 바이메탈

바이메탈은 열팽창계수가 다른 두 종류의 얇은 금속판을 포개어 붙여 한 장으로 만든 막대 형태의 부품으로, 열을 가했을 때 휘는 성질을 이용해 기기를 온도에 따라 제어하는 역할을 할 수 있다.

행정은 그 자체로 완성제품처럼 기능할 수 없다. 성질이 다른 대상과 포개어 붙여 바이메탈 특성을 가지는 새로운 무엇이 되어야 한다. 대학의 행정은 교육이나 연구와 결합해서 교육행정, 연구행정이라는 바이메탈이 되는 것이다.

대학은 나무를 키우는 곳이다. 교수와 학생이 학문의 나무를 높이 키울 수 있도록 하는 것이다. 그곳에서 행정이 한 그루의 나무가 되려 하는 것은 N그루의 나무숲에 한 그루의 나무를 더 심는 것과 같다. 그것은 행정의 역할이 아니다.

행정은 대학의 토양이 되어야 한다. 토양은 N그루의 모든 나무가 잘 자랄 수 있도록 한다. 행정의 효과는 N 더하기 하나가 아니라 N 곱하기 무엇이 되는 것이다.

UC_023 수직과 수평의 연결 기술

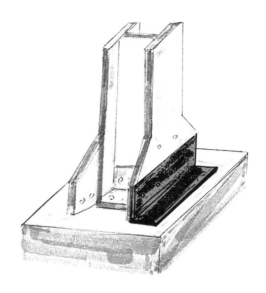

대학은 수평적인 행정의 대지 위에 쌓아 올린 수직적 학문 조직이다. 대학의 수평과 수직 구조물을 튼튼하게 만드는 연결장치는 매우 중요한 역할을 한다. 하지만 대학은 그 연결장치의 중요성을 아직 잘 모르고 있고, 때로는 연결장치 없는 구조물을 만든다. 연결장치는 누구나 만들 수 있는 것이 아니다. 그 장치를 만들고 활용하기 위해서는 고도의 경험과 기술이 필요하다.

UC_024 행정 자동차

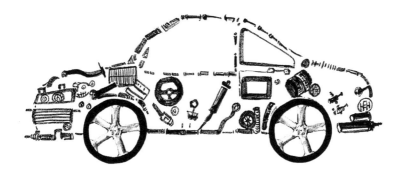

　자동차는 2만여 개 이상의 부품으로 구성되어 있다. 행정 조직도 자동차 부품 수만큼의 작은 업무 단위들의 조합으로 이루어져 있다. 모든 부품을 그저 한 바구니에 담아놓는다고 자동차가 되지 않듯이 행정의 작은 업무 단위들이 그저 제멋대로 작동되어서는 제대로 기능하지 못한다. 모든 작은 업무 단위가 목적에 맞춰 제 기능을 발휘하도록 유기적으로 조직화하는 것이 중요하다.

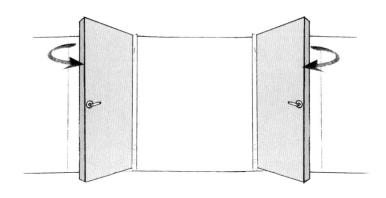

 상대가 오른쪽을 열고 들어온다면 왼쪽이 축이 되어 받아들이고, 왼쪽을 열고 들어온다면 오른쪽이 축이 되어 받아들이면 된다. 상대를 받아들이기 위해서는 내 마음의 축이 자유로워야 한다.

 걷는 것은 한 발을 축으로 다른 한 발을 내딛는 것이다. 두 발 모두 땅에서 자유롭게 되면 뛸 수 있게 된다. 두 발이 땅에 고정되어 있으면 움직일 수 없고, 문의 양쪽이 서로 축이 되면 열리지 않는 벽이 된다. 소통은 걷는 것과 같다.

UC_026 나사가 전진하는 방법

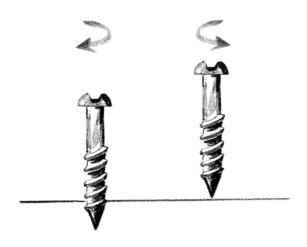

　나사를 시계방향으로 한 바퀴 회전시키면 나사산 한 칸만큼 앞으로 나아
가고, 반대로 회전시키면 후진한다. 한 바퀴 회전이 원점으로 회귀하는 것
같지만 나사는 한 칸씩 전진 또는 후퇴하는 것이다.

　대학 행정은 한 한기 또는 한 학년도를 기준으로 업무가 반복된다. 매
학기 같은 시기에 신입생을 모집하고, 수강 신청을 받는다. 업무가 한 순환
되었는데도 그 일을 이전과 똑같은 방식으로 수행한다면 그 업무는 전혀
개선되지 않은 것이다. 이것은 나사산이 무뎌져 아무리 회전을 시켜도 제자
리에서 겉도는 것과 같다. 행정의 개선은 나사가 전진하는 원리와 같다. 다
음에 그 일을 반복할 때는 나사산 한 칸만큼 업무가 개선되어 진행되어야
한다.

조직의 의사결정과정은 정형화되어 있다. 실무자가 만든 기획안은 중간 결재권자의 결재를 거쳐 리더가 최종적으로 승인하여 의사결정이 완성된다.

기안자와 결재권자의 생각 수준은 서로 다르다. 그렇다면 어떤 의사결정이 이루어질까? 가장 수준 높은 의견이 선택될까? 가장 수준이 낮은 의견이 선택될까? 아니면 각자의 생각의 높이를 뛰어넘는 수준의 새로운 생각이 선택될까? 정형화된 이 의사결정시스템 이외에 다른 대안은 없을까?

UC_028 내력벽과 가벽

　내력벽은 구조물의 하중을 견디어 내기 위하여 만든 벽이고, 비내력벽은 공간을 구분하거나 모양을 내기 위한 가벽이다. 건물 리모델링을 할 때는 내력벽과 가벽을 구분할 수 있어야 한다.

　조직에도 내력벽과 가벽이 있다. 반드시 지켜야 할 원칙이 있고, 상황에 따라 변해야 하는 것들이 있다. 무언가를 하고자 한다면 우선 조직의 내력벽과 가벽을 구분할 수 있는 역량을 길러야 한다. 이를 구분하지 못하고 무모하게 무슨 일을 추진한다면 자칫 조직의 내력벽을 부숴 조직을 위태롭게 할 수 있다. 반대로 상황을 헤쳐나갈 의지조차 없다면 가벽 앞에서 주저앉아 한 발자국도 나아갈 수 없게 된다.

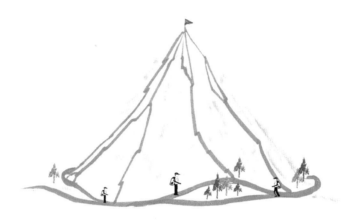

등산로는 주로 정상을 향해 나 있고, 등산객은 그 길을 따라 정상에 오르는 것을 목표로 한다. 그러한 산에 둘레길이 생겼고, 등산의 패러다임을 바꿔놨다. 둘레길은 수직의 세계를 수평적 사고로 혁신하는 계기가 되었다. 정상은 자리가 좁고 오래 있지를 못한다. 둘레길은 누구나 같이 걸을 수 있는 길, 되돌아서 다시 만나는 길, 정상으로 향하는 모든 길을 만나는 소통의 길, 경쟁이 아닌 상생의 길이다. 수직적 위계 조직에도 둘레길이 필요하지 않을까?

숫자 퍼즐은 숫자판과 하나의 빈칸으로 구성되어 있고, 빈칸을 이용해서 숫자를 정렬할 수 있게 된다. 만일 빈칸이 없으면 단 하나의 숫자판도 움직일 수 없다. 빈칸이 움직임을 만드는 것이다.

조직에도 빈칸의 역할이 중요하다. 빈칸은 일상의 업무에서부터 자유로운 창의적 영역이다. 조직이 구성원의 모든 역량을 주어진 일만 하도록 채워버린다면 구성원의 창의적 활동을 할 수 있는 공간은 존재할 수 없다. 그렇게 된다면 조직의 움직임은 제로가 된다.

UC_031 치유 vs 긁어 부스럼

상처가 나면 약을 발라야 한다. 간지럽다고 자꾸 긁게 되면 당장은 시원한 것처럼 느끼지만 부스럼이 생겨 오히려 상처에 부작용이 더 생긴다.

조직에서 하는 일의 결과가 모두 조직에 도움이 되는 것은 아니다. 어떤일은 조직을 강화하고 더 건강하게 하지만 어떤 일은 오히려 조직을 긁어 부스럼이 생기게 한다.

UC_032 모내기 vs 글쓰기

　사람의 손으로 모내기할 때는 양쪽 끝에서 못줄을 잡고 있고 모두가 한 줄로 서서 모를 심었다. 연필로 글을 쓸 때는 모내기처럼 공동작업이 불가능하다. 생각은 같이 의논할 수 있어도 글을 쓸 때는 한 사람의 손끝에서 완성된다.

　조직에서 여럿이서 협업을 할 때 모내기 방식으로 가능한 일이 있고, 글쓰기 방식으로만 가능한 일이 있다. 조직의 중요한 사업계획서를 만들 때 이 두 가지 작업 방식을 유념해서 잘 활용해야 한다. 모두의 지혜가 모여야 좋은 계획서가 완성된다. 하지만 글이란 결국 한 사람의 손끝에서 쓰인다. 다수의 생각을 한 사람의 생각처럼 완성하는 것은 매우 어려운 일이다.

　모든 일은 계획과 실행 단계가 있다. 계획과 실행 사이에는 시차가 존재한다. 계획을 한다고 바로 실행되지 않는다. 계획은 실행을 위한 것인데 그저 계획으로 머물고 내일 또다시 계획 수립만을 반복한다면 허무한 일이다. 허무한 계획의 반복에서 벗어나지 못하는 것은, 계획 이후에 실행 약속을 하지 않기 때문이다. 실행 약속은 내일 실행을 해야 하는 일을 구체적으로 약속하는 것이다. "나중에 밥 한번 먹자."가 아니라 "내일 점심에 만나자."라고 하는 것이다.

　하루의 일과에서 계획과 실행 약속의 시간은 짧아야 하고, 실행의 시간은 많아야 한다. 실행의 시간은 결국 계획의 에너지가 되어 선순환된다.

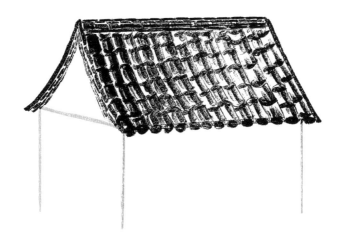

한옥의 기와지붕은 참 아름답다. 한 장 한 장 기와가 서로 포개져 있어 빗물을 처마 밑으로 떨어지도록 한다. 기와가 서로 맞대어 있거나 떨어져 있다면 집안은 물바다가 될 것이다.

당연히 조직의 각 팀은 서로 기왓장처럼 이어져 있어야 한다. 하지만 경제적 효율성, 부서 이기주의 등 여러 요인으로 인해 이어진 부분이 거의 없거나 아예 서로 동떨어져 있다. 그래서 곳곳에 비가 샌다.

연결의 가치

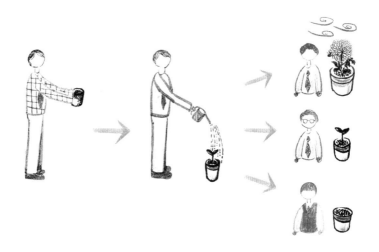

일이란 꽃씨를 심은 화분 하나를 건네받은 것과 같다. 그 화분을 정성으로 잘 키워서 꽃을 활짝 피울 수도 있고, 잘못 키워서 자라지 못할 수도 있다.

하나의 일은 갑에서 을로, 을에서 병으로 이어져 완성되고, 일은 각 단계를 거쳐 가면서 가치가 변한다. 바람직한 결과는 일이 다음 단계를 거칠 때 그 일의 가치가 높아지는 것이다. 하지만 현실은 연결을 통해 가치가 감소하는 결과로 이어지는 경우가 더 많다.

$$| \quad \text{👤} \times \text{👤} \times \text{👤} = |$$

$$| \quad \text{👤} \times \text{👤} \times 0 = 0$$

$$0.7 \quad \text{👤} \times \text{👤} \times \text{👤} = 0.343$$

$$1.3 \quad \text{👤} \times \text{👤} \times \text{👤} = 2.197$$

협력의 결과는 곱하기로 나타난다. 갑, 을, 병이 연결의 가치를 그대로 유지하는 기본적인 의무를 한다면 그 결과는 1이 된다. 갑과 을이 기본적인 의무를 하고 병이 전혀 역할을 하지 않는다면 결과는 0이 된다. 각자 70%의 결과만 만든다면 셋의 협력 결과는 0.343이 된다. 각자 30%의 가치를 더 보탠다면 결과는 2.197이 된다.

UC_037 백지장 들기

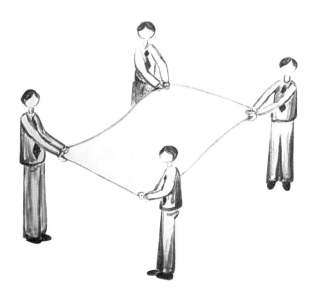

일이란 백지장을 드는 것과 같다. 꼭 무거워서 같이 들어야 하는 것이 아니다. 일의 영역은 한 사람의 손으로 네 귀퉁이를 잡을 수가 없을 만큼 넓기 때문이다. 일하면서 백지장을 맞드는 협업을 경험하기는 쉽지 않다. 모두가 백지장을 들어 올리려는 협력 의지가 있어야 하고, 협력 시점 또한 모두가 일치해야 한다. 이 협력의 조건을 모두 우연에 맡겨 두어서는 아무 것도 이루어지지 않는다. 조직은 협력의 동기를 부여하고, 호각을 불어 백지장을 동시에 들어야 할 때를 알려주는 역할을 해야 한다.

UC_038 잘된 협력의 수준

협력은 서로 벽돌을 포개어 쌓아 올리는 것과 같다. A가 한 장을 쌓으면, B가 그 위에 한 장을 쌓아 올리고, 다시 A가 그 위에 한 장을 더 쌓아 올린다. 함께 쌓아 올린 담장의 높이는 A와 B가 쌓아 올린 높이의 합이 된다.

소통의 대화도 이와 같다. 상대방의 말을 경청하고 난 이후 자신의 의견을 보태고, 다시 상대방이 그 뒤를 이어 의견을 보탠다. 이러한 소통의 대화를 하게 되면 양쪽 모두에게 즐거움이 남는다.

　잘못된 협력은 서로 각자만의 벽돌을 쌓아 올리는 것과 같다. A는 자신만의 벽돌을 쌓아 올리고, B 또한 자신만의 벽돌을 쌓아 올린다. 각자 쌓아 올린 담장의 높이는 각자 쌓은 높이가 된다. 협력의 효과는 전혀 없다.

　불통의 대화도 이와 같다. 상대방이 말을 할 때 귀를 닫고, 내가 말을 할 때 상대방도 귀를 닫는다. 서로의 주장만 얘기할 뿐 상대방의 대화에 전혀 호응하지 못한다. 이러한 불통의 대화를 하게 되면 양쪽 모두에게 울화통만 남는다.

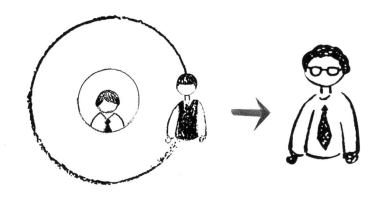

누구나 조직 내에 어느 한 팀에 속해 있다. 이것은 물리적인 소속에 해당한다. 하지만 생각은 물리적 소속과 일치하지 않는다. 어떤 구성원은 생각조차도 그 팀 내에 갇혀 있고, 또 누군가는 팀 간 경계선 위에 서 있을 것이다. 좀 더 유연한 생각을 지닌 구성원은 자신의 물리적 소속의 한계를 넘어서 자유롭게 생각한다. 그들의 생각은 경계가 없는 공간 위로 연결되어 있고, 조직의 경계를 확장해 나간다.

행정은 각자의 전문성을 바탕으로 분업화되어 있고, 분업화된 행정의 협업을 통해 서비스 대상을 위한 일을 수행한다. 그런데 서비스 대상은 행정의 업무 영역처럼 구분될 수 없는 하나의 실체다. 이것이 일을 대할 때 행정이 업무 영역을 두고 서로 갈등을 겪는 근본적 원인이다.

자신의 전문성을 자기 분야에 한정해서 활용하려 하는 것은 협업의 정신에서 멀어지는 것이다. 자신의 전문성이 필요한 모든 곳을 비추려고 하는 것이 협업의 기본 정신이다. 색의 3원색이 섞여 다양한 색깔을 만드는 것과 같이 행정의 협업은 각자의 전문성이 섞여야 새로운 가치를 만들어 낼 수 있다.

UC_042 생각과 실천의 속도

상황을 주도하는 것과 이끌려가게 되는 것의 차이는 속도에서 나뉜다. 나보다 리더가 생각하고 실천하는 속도가 빠르다면 나는 항상 이끌려가게 된다. 리더보다 내가 먼저 생각하고 실천하면 리더는 나를 응원해 주는 역할을 할 것이다. 그렇다고 리더보다 너무 멀리 앞서가서도 안 된다. 리더의 도움을 받을 수 없기 때문이다. 생각은 멀리 앞서 바라보더라도 실천을 할 때는 리더와 함께 대화가 가능한 거리 이내에서 조금 앞에서 가는 속도 조절이 필요하다.

UC_043 행정은 플랫폼

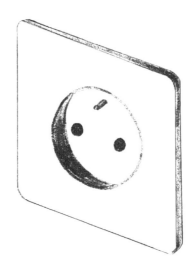

　청소기든 노트북이든 콘센트에 연결하면 전기를 얻을 수 있다. 콘센트는 사용자가 언제든 편리하게 전기를 사용할 수 있도록 대기 상태로 벽에 붙어 있다. 콘센트는 하나의 플랫폼이다.

　행정은 콘센트와 같다. 누군가 행정이 필요하면 콘센트에 플러그를 꽂아 전기를 충전하듯, 행정의 콘센트에 플러그를 꽂아 활용하도록 해야 한다. 곧 행정은 플랫폼이다. 콘센트가 청소기나 노트북을 구분하지 않는 것처럼, 행정도 누구에게나 필요로 하는 범용성을 확보하는 것이 플랫폼의 관건이다.

UC_044 스키 타는 법

　스키를 처음 시작할 때는 A자 자세부터 배운다. 두 발에 체중을 균등하게 싣고 일직선으로 하강한다. 그러면서 무게중심을 이쪽저쪽으로 조금씩 옮겨가면서 회전을 할 수 있게 되고, 드디어 한쪽 발의 안쪽 날로 눈을 가르는 희열을 느낄 때가 온다.

　경직된 조직은 제각각 경직된 자세로 자기 목소리만 낸다. 이는 경사면을 따라 무조건 직진하는 스키초보자와 같다. 노련한 조직이나 구성원은 어느 순간 어디에 무게중심을 두고 회전해야 하는지 잘 알고, 행정의 미세감각, 유연함, 순발력, 상황을 읽는 판단력이 뛰어나다. 이는 그저 주어지는 능력이 아니다.

UC_045 원칙 보존의 법칙

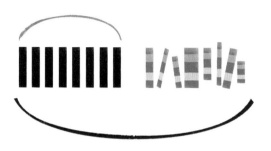

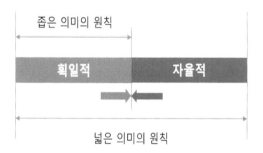

에너지는 발생하거나 소멸하는 일 없이 열, 전기, 자기, 빛, 역학적 에너지 등 서로 형태만 바뀌고 총량은 일정하다는 것이 에너지 보존 법칙이다.

마찬가지로 행정에서도 '원칙'이 서로 형태만 바뀌고 총량은 일정한 '원칙 보존 법칙'이 작용하지 않을까? 여기에서 획일적 형태만을 원칙으로 여기고 자율적인 형태는 원칙이 아니라고 배제한다면 원칙 보존의 법칙은 성립하지 않는다. 사람 사이의 관계를 다루는 행정은 획일적 원칙만으로 작용하지 않는다. 자율적인 형태의 원칙도 포함해야 행정을 제대로 이해하고 활용할 수 있다. 경계를 긋기 어렵고 무질서해 보인다고 자율적 원칙을 배제하면 행정은 단순한 기계 장치가 된다.

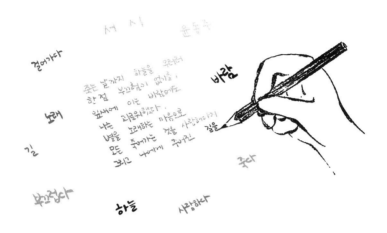

UC_046 단어 vs 시

형식적으로만 본다면, 적합한 단어를 찾아 잘 재배열해놓으면 한 편의 시가 될 수 있다. 조직이 하나의 목표를 위해 함께 일을 한다는 것도 한 편의 시를 쓰는 과정을 닮았다. 각 팀과 구성원이 목적에 맞게 잘 배치된 조직에서 함께 일을 하게 되면 한 편의 시를 완성한 듯한 희열을 느끼는 순간도 있을 것이다. 행정은 곧 문학이 될 수 있다.

협력은 패스 게임

축구는 패스 게임이다. 혼자 드리블해서는 절대 상대편을 이길 수 없다. 패스를 주고받을 때는 서로 전진하는 속도에 맞춰 서로 약속된 지점으로 줘야 한다.

일의 협력도 축구의 패스와 같아야 한다. 나에게 일이 왔을 때 상대가 앞으로 나아가서 받을 수 있도록 가치를 높여서 되돌려주고, 상대는 되받을 때 그 자리로 예측하고 나아가 받아야 한다. 생각 없이 아무 곳으로나 일을 차 낸다면 어떤 것도 이루어질 수 없다.

니체는 정신의 세 가지 변화에 대해 말했다. 정신이 낙타가 되고, 낙타는 사자가 되고, 사자는 마침내 아이가 되는 단계를. 그리고 아이는 순진무구함이며 망각이고, 새로운 출발, 놀이, 스스로 도는 수레바퀴, 최초의 움직임이며, 성스러운 긍정이라 했다.

일과 놀이의 작동원리에는 분명한 차이가 있다. 아이의 마음으로 일터를 놀이터로 만들어 일하는 것은 분명 꿈일 것이다. 하지만 그 꿈을 버릴 필요까지는 없지 않은가. 둘의 작동원리가 무엇인지 생각해보는 자체만으로도 일터를 놀이터로 만드는 첫걸음이 될 것이다.

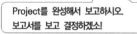

Project를 완성해서 보고하시오.
보고서를 보고 결정하겠소.

지금 진행중인 Project를 보여주시죠.
함께 생각해 봅시다.

일의 결과를 만들어내는 방법은 두 가지가 있다. 하나는 프로젝트를 담당자 혼자 끝까지 만들어 보도록 하는 것이다. 보고서를 완성해서 가지고 오면 리더는 받아들이거나 다시 해 오도록 하면 된다. 또 다른 방법은 프로젝트를 수행하는 과정에 리더가 같이 참여하는 것이다. 이 경우는 담당자의 실무경험과 리더의 코칭이 결합해서 수시로 경로를 수정해 간다. 첫 번째 방법은 리더가 주어진 보고서 중에서 하나를 선택하는 것이지만 두 번째 방법은 같이 참여해서 전혀 새로운 결과를 만들어 낼 수 있다.

UC_050 나무 vs 막대기

　땅 아래 뿌리나 하늘 위로 자라는 가지와 나뭇잎을 보지 않고 나무의 기둥만 본다면 땅에다 꽂아 놓은 나무 막대기와 잘 구분하지 못한다. 땅 아래 뿌리는 보이지 않지만 위로 무성한 가지와 잎을 보면 나무임을 알 수 있고, 그 뿌리의 튼튼함도 짐작할 수 있다. 땅에 꽂아 놓은 막대기는 뿌리가 없어 자라지 못하고 가지와 나뭇잎도 없다.

　조직에 어떤 존재가 되어야 할 것인지는 분명하다. 나무가 되어 땅에 튼튼하게 뿌리를 내리게 되면 스스로 환경에 대응하여 무한 변화를 할 수 있게 된다.

스스로 도는 팽이

  시인 김수영은 시 〈달나라의 장난〉(1953)에서 팽이가 도는 모습을 보고 '생각하면 서러운 것인데 너도나도 스스로 도는 힘을 위하여 공통된 그 무엇을 위하여 울어서도 아니 된다는 듯이 서서 돌고 있는 것인가'라고 했다.

  돌기를 멈추면 팽이가 아니듯, 누구나 자기만의 중심을 가지고 돌아야 하는 숙명을 지닌 팽이가 아닐까?

자동차가 고장 나면 정비소로 가지고 가서 수리하면 된다. 간단한 정비 정도는 운전자가 직접 할 수 있겠지만 정비소 없는 자동차 산업은 상상할 수 없다.

그렇다면 행정 시스템이 고장 나면 어디에서 수리할까? 그리고 행정 시스템이 고장이 났다는 사실을 어떻게 인지할 수 있을까? 두 가지 질문에 대한 답은 명확하다. 조직에는 행정 정비소가 없다. 그리고 행정 시스템이 고장이 나더라도 인지할 방법이 없다. 모든 것이 행정 운전자에게 맡겨져 있다. 조직 혁신을 위한 구체적인 실천 전략 중의 하나는 조직 내에 행정 정비소를 만드는 것이다.

UC_053 현장은 세상을 보는 창

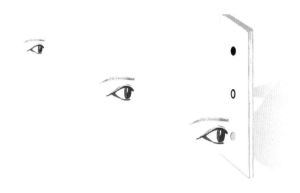

현장은 세상을 보는 창이다.

현장에서 멀어지면 그 현장은 그저 하나의 점일 뿐이다. 현장에 가까이 갈수록 현장은 세상을 보는 창이 되고, 그 창을 통해 보이는 세상은 넓어진다.

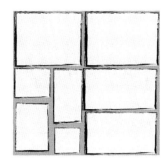 

　전체 조직을 역량 공간으로 구분하여 본다면, 관리영역과 기획영역으로 나눌 수 있다. 그리고 조직은 한정된 역량 공간에 최대한 관리영역으로만 채우려는 속성이 있고, 관리행정을 규격화하는 방향으로 진화한다. 조직의 역량 공간에서 관리영역 이외의 공간은 손실이라고 보는 것이다.

　하지만 조직의 기획 역량은 규격화된 관리영역 밖의 공간에 존재한다. 따라서 조직은 역량 공간에 관리영역 이외에 숨 쉴 수 있는 공간을 확보하도록 해야 한다. 그래서 조직의 역량 공간 안에 관리영역을 동그라미 형태로 조직화하는 것도 하나의 방법이다. 그렇게 동그라미 사이사이의 공간을 확보하여 그곳을 기획 역량으로 활용하는 것이다.

UC_055 자동차 부품이 규격에 맞지 않을 때

    자동차 타이어가 규격에 맞지 않는다고 자동차를 버리고 새 차를 사지 않는다. 타이어는 자동차를 구성하는 수많은 부품 중의 하나일 뿐이다. 타이어 수명이 다하면 당연히 그 자동차에 맞는 타이어로 교체하면 된다.

    하나의 일은 수많은 행정 프로세스의 조합으로 완성된다. 그런데 그 프로세스 중의 하나가 일 전체의 원칙과 맞지 않아서 일 자체가 멈춰서는 경우가 많다. 관료체제의 사람조직은 자동차와는 달리 수단과 목적을 구분하기 어렵고, 관료적 수단에 따라 목적을 바꾸어 버리기도 한다. 이는 팔각형 자동차 타이어를 들고 와서 이에 맞게 자동차를 바꾸도록 하는 것과 같다.

UC_056 조직의 연결고리

바다에 물이 반쯤 담긴 대야가 떠 있고, 그 대야 안에 종이배가 떠 있다고 하자. 대야 안의 종이배의 돛을 잡고 좌우로 돌린다고 해서 대야가 흔들리거나 바다에 영향을 미치지 못한다. 종이배와 대야 사이에는 유동층인 물이 있고, 대야 또한 물 위에 떠 있기 때문이다.

리더는 행정이라는 수단을 통해 대학의 목적 집단인 교수와 학생을 움직인다. 하지만 대학 조직은 리더가 교수와 학생을 쉽게 움직이지 못하는 구조적 한계가 있다. 행정은 바다에 떠 있는 대야 속의 종이배와 같다. 리더와 행정, 행정과 목적 집단 사이에는 물과 같은 유동층이 존재한다. 따라서 각 층 간에 연결장치가 없으면 물의 유동성으로 인해 조직은 헛돈다.

UC_057 삶의 과학

　신영복 교수는 '사람'이란 글자를 모음 'ㅏ'를 겹쳐 세로로 써놓고, '삶'으로도, '사람'으로도 읽어도 좋다고 하면서 사람의 준말이 삶이라고 했다.

　행정은 사람 중심의 조직이고, 고뇌하는 삶을 주제로 하는 과학이다. 따라서 행정의 목표는 오로지 삶의 가치를 높이는 것에 있어야 하고, 목표를 이루기 위한 행정의 작용도 인간적이어야 한다. 사람과 삶을 잊은 행정은 단순한 기계 장치와 다를 바 없다.

　1953년, 셰르파 텐징 노르가이는 영국 등반대 힐러리와 함께 세계 최초로 에베레스트 정상에 올랐다. 그동안 원정대의 짐꾼 역할에부터 당당한 등반대원이 되기까지 셰르파들은 수없이 산을 올랐다. 셰르파는 등반대의 든든한 조력자이면서 등반대원이기도 하다.

　행정은 셰르파와 닮았다. 대학 행정은 교수와 학생을 위한, 대학은 사회를 위한 셰르파가 되어 주어야 한다. 마찬가지로 교육부는 대학을 위한, 정부는 국민을 위한 셰르파가 되어야 한다. 사회관계란 우리가 서로 누군가의 셰르파가 되어 주는 것이 아닐까?

예산 편성의 두 가지 방법

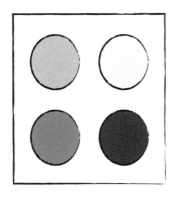
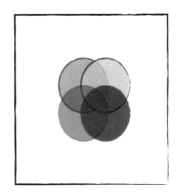

부서 중심으로 예산을 편성하면 조직 전체의 예산은 각 부서 예산을 단순 합산하면 된다. 이는 다른 부서의 사업과 겹치지 않고 독립적이라는 전제가 있어야 가능하다. 하지만 현실적으로 각 부서의 예산이 다른 부서와 완전히 독립적일 수는 없다. 부서별로 배정된 예산을 사업목적별로 살펴보면 반드시 교차하는 영역이 있다. 이 영역은 중복 투자일 가능성이 크다.

따라서 예산은 부서별이 아니라 사업별로 편성해야 교차 영역만큼 예산을 절감할 수 있고 부서별 협업 효과를 높일 수 있다. 사업의 연계성과 중복성을 고려하지 않고 부서별 예산을 편성하면 예산 낭비뿐만 아니라 협업의 효과도 낮다. 평범한 이치이지만 관료조직에서 부서보다 사업목적을 먼저 고려해서 예산을 배정하는 것은 매우 어려운 일이다.

UC_060 그네 타기

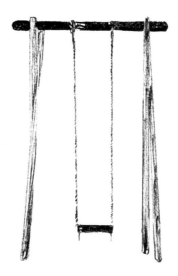

　그네는 그넷줄을 매는 가로축의 높이에 따라서 그넷줄의 회전반경이 정해진다. 높이 매달면 높이 날 수 있고, 낮게 매달면 낮게 난다. 그리고 무엇보다도 축이 흔들리거나 약하면 그네 타기를 할 수 없다.

　그네의 구조는 조직의 목표관리 구조와 닮은 점이 있다. 조직 구성원 모두가 공감하는 뚜렷한 목표는 그네의 가로축과 같은 역할을 한다. 목표는 일을 성취할 만큼의 충분한 높은 위치에 있어야 하고, 또 그 목표가 흔들리지 않도록 든든한 버팀목이 필요하다.

UC_061 갯벌은 살아있다

　인간은 지속해서 간척사업을 통해 갯벌을 없애고 땅을 넓혀왔다. 하지만 사라진 갯벌이 쓸모없는 불모지가 아니라 생태계의 보고였음을 뒤늦게 알게 되었고, 이제는 다시 갯벌을 살리는 역간척사업이 관심을 받고 있다.

　조직의 구조는 간척사업과 같이 이것과 저것으로 나누는 이분법적 사고를 바탕으로 만들어진다. 대학 조직도 마찬가지다. 냉철한 이성으로 자연과 삶에 대해 분석하고, 무엇인가 구분하여 나누는 것에 익숙해져 있다. 그만큼 사라져가는 것도 있다. 바로 그 갯벌과 같은 조직 속에 살아가는 '사이 존재'이다. 조직이 간척사업에만 몰두하면 이 사이 존재는 사라진다. 대학은 항상 인류사회의 지성을 잉태하는 갯벌로 남아 있어야 한다.

UC_062 저요!저요! vs 손사래

"누가 정답을 말해 볼 사람?" 하고 선생님이 질문하면, "저요! 저요!" 하고 손을 들고 서로 발표하겠다고 했던 어린 시절 교실의 추억을 누구나 간직하고 있다. 점점 학년이 높아지고 성인이 되어 직장에 가서는 "저요!" 하고 나서기보다는 될 수 있으면 뒷자리에 앉게 되고, 혹시나 시키게 되면 손사래를 치는 것에 익숙해져 간다.

관료조직은 될 수 있으면 손사래를 쳐서 일을 회피하는 것이 이득이 되는 시스템의 전형이다. 서로가 "저요!" 하고 나서는 활력 넘치는 조직 시스템은 불가능할까?

UC_063 심리적 전망을 확보하는 행정의 높이

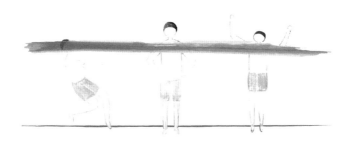

　수영에 익숙하지 않은 사람은 수영장 바닥에 발이 닿지 않으면 순간적으로 당황한다. 얼른 다리를 내려서 똑바로 서서 머리를 물 밖으로 내밀고 안도의 한숨을 쉰다. 심리적 전망을 확보하는 것이다. 만일 당황해서 허둥댄다면 비록 자기 키보다도 낮은 수영장이라도 자칫 목숨이 위태로운 상황에 이를 수 있다.

　일에도 심리적 전망을 확보하는 것이 중요하다. 자신의 능력과 일에 대해 잘 알고 익숙해지면 어떠한 일이 맡겨지더라도 당황하지 않고 감당할 수 있다. 자신의 능력이나 일에 대해서 잘 모르면 수영을 못하는 사람이 수영장에서 허덕이는 것과 같다.

소속은 구성원을 구분된 경계 안에 둔다는 것을 의미한다. 그것은 마치 감옥의 구조와 같다. 조직이 팀 조직 단결을 강조할수록 너와 나의 구분은 확실하고 모호한 정체성은 사라진다. 이것은 팀의 정적인 안정성 확보에는 도움이 될 수 있을지 모르나 팀 간의 역동성은 떨어지게 된다.

네트워크 중심으로 조직은 구성원을 경계선 위에 올라서도록 한다. 경계선 위의 구성원은 선을 맞대고 있는 이쪽 팀의 팀원이기도 하고 저쪽 팀의 팀원이기도 하다. 그리고 경계선을 따라 모두 소통할 수 있다. 소속에 대한 모호한 정체성은 오히려 구성원의 움직임을 활성화하는 힘의 원천이 된다.

UC_065 코끼리를 인식하는 방법

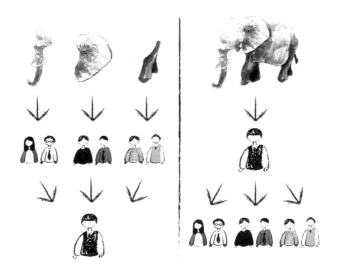

팀 내의 각 팀원은 코, 귀, 다리 등 코끼리의 부분만 볼 수 있고, 코끼리의 전체 모습은 볼 수 없다고 하자. 그리고 이 팀원이 각자 본 코끼리의 부분 모습을 팀장에게 보고했을 때, 팀장은 각 팀원이 보고한 정보만을 가지고 코끼리 그림을 제대로 그려낼 수 있을까? 코끼리를 한 번도 보지 못한 팀장이라면 코끼리 모습을 그리는 것은 불가능하다.

관료조직의 보고체계가 이와 같은 우를 범하지 않으려면 리더가 먼저 코끼리 전체의 모습을 본 후 팀원에게 코끼리에 관해 설명해 주면 된다. 그러면 팀원은 리더의 설명을 듣고 코끼리의 모습을 그려낼 수 있다. 만일 리더가 코끼리를 인식하고 있지 못하면 팀원 누구도 제대로 된 코끼리를 그릴 수 없다.

UC_066 자전거 배우기

아이가 자전거를 처음 배울 때, 아빠는 아이가 넘어지지 않도록 뒤에서 노심초사 자전거 뒤를 붙잡고 뛰어다녀야 한다. 그러다 어느 순간 손을 슬그머니 놔 주면 스스로 탈 수 있게 된다. 그때 아이는 스스로 자전거를 탈 수 있다는 것에, 아빠는 그 대견스러움에 기쁨을 감추지 못한다.

조직 속의 구성원은 처음엔 누구나 뒤에서 붙잡아줘야 한다. 그러다 어느 순간은 스스로 책임을 지고 일을 할 수 있도록 권한을 부여해야 한다. 하지만 위계적 관료체계는 권한 부여에 익숙하지 않은 조직이다. 그래서 자전거 뒤를 계속 붙잡고 뛰어다니는 초보 단계에서 좀처럼 벗어나지 못한다.

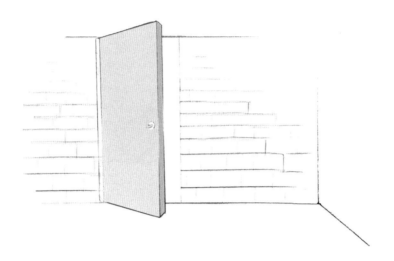

　행정을 하는 것은 벽(wall)을 쌓는 과정이 아니다. 목적을 중심으로 외부세계에 대응해서 끊임없이 변화할 수 있는 문(door)을 만드는 과정이다.

UC_068 자연을 닮은 정책

둘레길을 걷다 보면 데크 길 한가운데 동그란 구멍 사이로 나무가 자라고 있는 모습과 마주할 때가 있다. 조금은 더 수고스럽더라도 한 그루의 나무라도 보존하려는 그 누군가의 따뜻한 마음이 고스란히 전해진다.

산의 주인은 나무이고 인간은 그 산을 잠시 다녀가는 존재다. 우리가 다니는 둘레길은 처음엔 산의 굴곡과 나무 사이를 따라 구불구불 자연의 길을 따라 걸어 다녀서 만들어진 것이다. 정책을 만드는 일도 그러한 둘레길이 만들어지는 과정을 닮았으면 좋겠다.

브레이크 vs 엑셀

　자동차는 엑셀을 밟으면 움직이고, 브레이크를 밟으면 멈춘다. 엑셀은 이동의 가치를 만들어 내는 능동적인 기능을 하고, 브레이크는 이동을 제어하는 수동적인 역할을 한다. 운전할 때는 이 둘을 동시에 밟지 않는다.

　자동차와 마찬가지로 행정 시스템에도 엑셀과 브레이크 기능이 있다. 자동차와 다른 점은 행정 시스템의 브레이크등은 항상 켜져 있다는 점이다. 행정 시스템의 엑셀 기능은 가끔 사용되지만 이마저도 브레이크에 눌려서 앞으로 나아가기는 매우 어렵다. 행정 시스템은 제어 위주로 설계되어 있기 때문이다.

　운전자는 자동차에 대한 공학적 지식이 없어도 간단한 몇 가지 조작만으로 자동차를 운전할 수 있다. 핸들 위에 손을 얹고, 발로 엑셀과 브레이크를 밟으면 된다. 그리고 자동차가 고장이 나면 운전자는 정비소에 맡겨 수리하면 된다.

　행정은 자동차와 같다. 경영자는 행정 자동차에 대한 간단한 조작법만을 익히고 운전하면 된다. 그리고 행정 자동차가 고장이 나면 전문가에게 맡겨 수리하면 된다. 하지만 행정 자동차를 운전하는 경영자는 행정 조직도를 조금 바꾸면 개선될 것이라는 생각에 정비소를 찾아가지 않고 스스로 고치려 한다. 하지만 행정 시스템은 자동차보다도 고치기가 더 어렵다. 자동차는 아무리 복잡해도 공학적으로 이해하면 되지만 인간관계를 바탕으로 이루어진 행정 시스템은 합리적 이해가 불가능한 시스템이다.

UC_071 통닭 한 마리 6,000원, 두 마리 12,000원

  푸드 트럭에 '통닭 한 마리 6,000원, 두 마리 12,000원'이라고 적혀 있다. 두 마리를 사면 할인해주는 것도 아니고 정상적인 값을 받겠다는 것이다. 그렇다면 굳이 두 마리 값을 표기하는 것은 가격 정보로는 의미가 없다.

  통닭 값 표지판은 업무 관행을 되돌아보게 만드는 타산지석이 될 수 있다. 어떤 일은 '두 마리 12,000원'이라는 가격표처럼 조직의 활동에 별 도움이 안 되는 군더더기일지도 모른다. 그것은 세 마리 18,000원, 네 마리 24,000원이라고 계속 써 붙여나가는 것과 같다.

극지를 탐험하려면 만년설 아래 숨겨져 있는 크레바스를 대비해야 한다. 탐험가인 우에무라 나오미는 크레바스에 빠질 것을 대비해 긴 대나무를 허리에 차고 그 장대를 끌면서 걸었다.

조직의 근본 목적은 손에 잡히지 않는 이상(理想)과 같다. 전문화된 관료제는 이 근본 목적을 잊고 각자의 전문영역 또는 부서별 짧은 목표 단위로 나누어진 현실(現實)에 매몰된다. 일의 현장에는 항상 크레바스가 존재하고, 짧은 현실만 쫓아가다 보면 그 크레바스에 빠질 위험이 크다. 그래서 항상 이상을 지니고 있어야 한다. 이상은 시간을 횡단하는 통찰력을 얻게 해주고, 크레바스에 다리를 놓아 건널 수 있게 한다.

UC_073 연결지능

울타리의 한자어는 책(柵)이다. 글자 모양처럼 목책(木柵)은 하나하나의 나무를 땅에 박아서 세워두고 그 나무들을 끈으로 연결해서 튼튼하게 해놓은 것이다.

조직의 역량을 강화하는 것은 울타리를 만드는 일과 같다. 제각각의 전문지능을 횡단해서 하나의 울타리를 만들어 내기 위해서는 연결지능이 중요하다. 연결지능은 고독한 전문가들을 광장으로 나오도록 하고, 교육·연구·산학협력 등 대학 내외의 모든 역량을 연결하여 새로운 가치와 의미를 창출해낸다.

UC_074 벤치마킹 계단

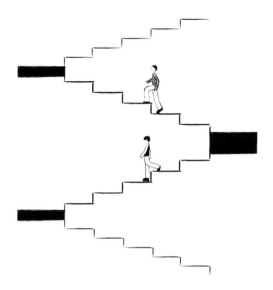

　좋은 벤치마킹은 나보다 나은 대상을 벤치마킹해서 내가 이전보다 더 좋은 상황으로 업그레이드하는 것이다. 이것은 벤치마킹 대상을 계단 삼아 한 계단 올라가는 것과 같다.

　반면, 나쁜 벤치마킹은 나보다 못한 대상을 벤치마킹해서 내가 이전보다 더 좋지 않은 상황으로 다운그레이드하는 것이다. 이것은 벤치마킹 대상을 계단 삼아 한 계단 내려가는 것과 같다.

막대를 철로 감은 후 막대를 빼내면 스프링이 된다. 막대는 스프링을 만
드는 과정에서는 필요하지만 완성된 스프링에는 막대가 필요 없다. 스프링
을 만든 후에도 막대가 스프링 가운데에 그대로 있다면 스프링은 제 역할
을 할 수 없다. 막대는 '없음'으로 유용한 가치를 만들어 낸 것이다.

행정은 막대의 역할과 같다. 역할을 다한 후에도 행정이 존재한다면 행
정을 통해 이루고자 했던 본질을 잃어버리고 행정만 보이게 된다. 행정은
보이지 않게 작용할 때 더 유용한 가치를 만들어 낸다.

조직의 중력작용

　중력은 사물의 위와 아래를 구분하도록 한다. 무중력 상태에서는 이러한 구분이 없다. 위계적 관료조직에는 권한의 크기에 따라 위와 아래가 구분되는 중력이 작용한다. 하지만 일에 몰입하면 어느 순간 조직 관계가 무중력 상태로 느껴질 때가 있다. 그 순간 실무자-협력자-정책결정자 사이에는 위아래 구분이 없어지고, 수평적 관계가 형성된다. 이러한 무중력 경험이 많아져야 한다. 지구의 중력을 극복하려는 노력이 과학기술의 발전을 가져오듯이, 권한의 중력을 극복하려는 노력이 조직을 발전시키기 때문이다.

떨리는 나침반 바늘

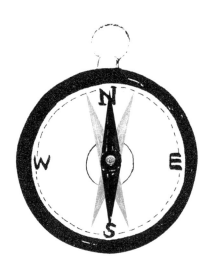

북극을 가리키는 나침반 바늘은 항상 바늘 끝을 떨고 있다. 신영복 교수는 시 「떨리는 지남철」에서 '불안스러워 보이는 전율을 멈추고 어느 한쪽에 고정될 때' 그 나침반을 버려야 한다고 했다.

행정이 규정과 관행에 고착되어 움직이지 않을 때, 그 행정은 버려야 한다. 그것은 고장이 난 행정일 것이기 때문이다. 행정인은 규정과 현실 사이에서 끊임없이 고민하는 존재이다. 비록 이쪽저쪽으로 흔들리더라도 그 고뇌가 북극이라는 목표를 지향하고 있다면 그 방향을 믿고 한 걸음씩 나아가야 한다. 그러면 목표에 가까워질수록 고뇌의 폭은 점점 줄어들고, 마침내 바늘은 정확히 목표를 가리킬 것이다.

UC_078 악순환 vs 선순환

　직장인 A, 전날 저녁 회식으로 속이 쓰리고 머리가 지끈거리는 상태로 출근한다. 종일 무거운 몸으로 겨우 하루 업무를 버텨내고 있다. 어둑해질수록 술기운에서 깨어나고 몸이 조금씩 회복되어 가는 느낌이다. 퇴근하는 길에 낮 동안의 스트레스 해소를 명분으로 다시 한잔하러 나선다.

　직장인 B, 어제저녁에 가벼운 운동과 취미생활을 마친 후 늦지 않게 잠을 잔 덕분에 출근길이 상쾌하다. 책상에 앉아 차 한잔을 하고 나서 본격적으로 일에 몰입해서 한 시간 정도 지나니 최고의 컨디션에 오른다. 퇴근 시간이 가까워질 때쯤 어깨에 뿌듯한 무게감의 피곤함이 느껴진다. 다시 저녁이 되어 가벼운 운동으로 스트레스를 털어낸다.

UC_079 공유 자동차

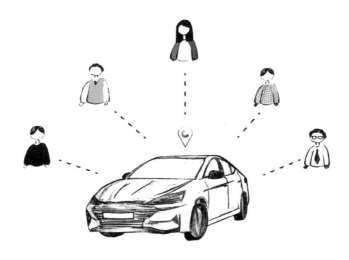

　자동차, 사무실, 숙박 등과 같이 다양한 분야에서 사회는 소유가 아닌 공유 체제로 빠르게 전환되어 가고 있다. 마찬가지로 행정도 공유 체제로 전환해야 한다. 기존의 대학 조직은 행정을 '소유'하는 개념으로 설계되어 있다. 특정 연구나 교육조직에 전담 행정팀을 두는 방식이다. 행정의 공유는 행정팀이 특정 기관 소속에서 벗어나 여러 기관의 행정을 지원하는 것에서부터 시작된다. 팀과 구성원의 관계에서도 공유의 개념이 적용될 수 있다. 팀장이나 팀원이 특정 팀에 전담하는 것이 아니라, 여러 팀에 겸직하는 것이 바로 공유의 개념이다. 공유는 행정을 혁신하는 열쇠 중의 하나가 될 수 있다.

UC_080 검문소 행정

경찰이 도로를 막고 검문을 한다면 일부 정체를 피할 수 없다. 검문은 음주운전이나 범죄 단속을 위해 필요하지만 그렇다고 검문을 너무 많이 하는 것 또한 과유불급이다. 과도한 검문은 불필요한 예산 낭비뿐 아니라 자칫 통제 사회가 될 수 있다.

행정은 기본적으로 검문소 역할이 필요하다. 공정하게 운영되는지, 비용의 낭비가 없는지 살피고 또 살펴야 한다. 그렇다고 너무 많은 통제를 하는 것 또한 좋지 않다. 통제를 이중 삼중으로 하게 되면 앞으로 나아가지 못하고 멈추게 된다. 행정은 적절한 수준에서 흐름을 방해하지 않고 보이지 않게 작용하도록 하는 것이 가장 좋다.

꿈을 만들어 내는 역량

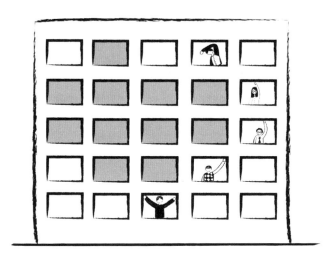

아파트 한 세대 한 세대는 각자 독립된 삶을 살아간다. 각 세대의 불빛이 켜져 있거나 꺼져 있거나 서로 독립적이다. 어느 한순간이라도 아파트 불빛이 하나의 하트 모양이 될 확률은 현실적으로 불가능하다.

아파트 한 동이 조직이라고 한다면, 각 세대는 조직의 각 팀과 같다. 아파트는 하트를 만들 수 없지만, 조직은 하트를 만들어 낼 수 있어야 한다. 조직의 하트는 각 팀의 관계 사이에 존재하고, 그 관계 속에서 꿈을 만들어 내는 것이 조직의 역량이다.

UC_082 열매 달기 vs 물 주기

  나무에 열매를 맺게 하겠다고 시장에서 사과를 사 와서 나무에 매달리고 하는 것은 어리석은 일이다. 나무에 열매를 맺게 하기 위해서는 뿌리를 내리고 있는 땅에 거름과 물을 주어서 스스로 열매를 맺도록 해야 한다.

  조직의 결실을 만드는 것도 나무에서 열매를 얻는 것과 같다. 리더가 구성원에게 조급하게 직접적인 결과만을 바라면 구성원은 급조된 임시방편의 결과만을 만들려고 할 것이다. 사과나무에 거름과 물을 주듯이, 조직은 뿌리를 튼튼하게 하는 근본적인 정책을 찾아서 꾸준히 시행해야 한다. 그러면 조직의 결실은 스스로 맺힐 것이다.

"옛날 장주가 꿈속에서 나비가 되었는데 훨훨 나는 나비였다. 스스로는 유쾌하게 느꼈지만 자신이 장주라는 것을 알지는 못했다. 갑자기 깨어나서 보니 확연히 장주였다. 장주가 꿈속에서 나비가 된 것인지, 아니면 나비가 꿈속에서 장주가 된 것인지 알지 못하지만 장주와 나비 사이에는 반드시 구분이 있을 것이니, 이것을 '외물과 함께하는 변화[物化]'라고 한다." 장자 (莊子)의 호접지몽(胡蝶之夢) 이야기이다.

행정은 나비와 같다. 대상과 함께 변신하고 진화한다. 일에 몰입하게 되면 장자가 나비 꿈을 꾸듯 무아의 경지에 이르게 되는 때가 있다.

UC_084 산 중턱에서 고민하는 직장인

직장인은 산 중턱에 서서 안전한 베이스캠프로 철수할 것인지, 아니면 정상을 향해 도전할 것인지 항상 고민한다. 베이스캠프는 회계와 규정 중심으로 조직체계가 잘 구축되어 있어, 그곳에 머물면 안전하고 불확실성을 회피할 수 있다. 그리고 관행과 감사(監査, audit)는 구성원을 베이스캠프로 끌어내리는 중력 역할을 한다.

하지만 현실은 안전한 베이스캠프에만 머물러 있을 수 없다. 미래는 정상에 있고, 정상은 불확실성을 수용하고 도전해야만 오를 수 있다. 리더는 구성원이 안전한 베이스캠프를 떠나 정상에 도전할 수 있도록 비전과 목표를 제시해야 한다.

UC_085 오케스트라

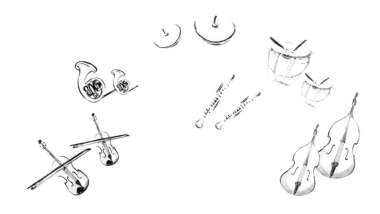

행정조직에는 서로 다른 재능과 생각을 지닌 수많은 구성원, 그리고 각자의 임무를 수행하는 다양한 팀이 존재한다. 이들이 모여 하나의 목표를 위해 협업해 나가는 과정은 마치 오케스트라를 닮았다. 잘 조화된 화음은 아름다운 소리를 만들어 내지만 제각각 연주하는 불협화음은 짜증스러운 잡음일 뿐이다.

UC_086 클라이머

　암벽등반은 선등자의 능력이 절대적으로 중요하다. 오르는 중간중간에 확보물을 설치하고 두 번째 등반자와 연결된 자일을 통과시켜 오로지 자신의 힘으로 길을 개척해 올라간다. 만일 실수하게 되면 최소한 자신과 확보물과의 거리의 2배 이상을 추락하게 된다. 선등자가 되기까지는 수많은 경험과 시간이 필요하다.

　팀의 리더는 선등의 경험을 충분히 축적하고 있어야 한다. 그러한 경험이 없이 조직을 이끌게 되면 자칫 조직을 위험에 빠뜨릴 수 있다.

모래성 깃발 놀이

모래성 깃발 놀이가 있다. 모래를 산처럼 쌓아 한가운데 깃발을 꽂아 놓고 번갈아 모래를 가져간다. 그러다 자신의 차례에 깃발이 넘어지면 진다. 젠가 게임 방식도 이와 비슷하다. 한 단에 블록 3개씩 가지런히 탑처럼 쌓아놓고, 2인 이상의 플레이어가 순서대로 하나씩 빼내어 다시 제일 위로 올려놓는다. 그러다 블록을 무너뜨리면 진다. 이러한 놀이의 규칙은 빼고 또 빼는 것이다.

조직 운영의 원칙도 대체로 이와 비슷하다. 무언가를 보태는 정책은 경제성·합리성·효율성에 맞지 않는다고 생각한다. 이러한 방향을 계속 추구하다 보면 조직의 곳곳에서 깃발과 탑이 무너지는 위험사회가 된다.

  한 명의 담당자가 시간당 한 명의 민원을 해결할 수 있는데 시간당 세 명의 민원인이 찾아온다면 대기하는 줄은 기하급수적으로 늘어날 것이다. 이때 담당자는 뒤에 있는 대기 인원에는 아랑곳하지 않고 제 일에만 몰두하는 것은 바람직하지 않다. 대기하는 줄을 없애기 위해 담당 직원 2명 더 확보하려는 구조적인 개선방안을 찾아 노력하는 것이 더 중요하다.

UC_089 학과 바구니

대학에서 '학과'라는 단어는 가장 많이 쓰이지만 그만큼 가장 잘못 쓰이고 있는 단어이기도 하다. 이 단어의 쓰임을 자세히 들여다보면, 학과(學科)는 '전공', '교원의 소속', '학생의 소속', '모집단위'라는 네 개의 구슬이 담겨 있는 바구니와 같다.

'우리 학과는 ~'이라고 하면서 대화를 나눌 때 서로 벽을 느끼게 되는 가장 큰 원인은 각자 학과 바구니에서 다른 구슬을 꺼내 들고 얘기하고 있기 때문이다. 따라서 대화를 나누기 이전에 이 학과라는 바구니와 네 개의 구슬을 서로 정확히 이해하고 논의를 시작하는 것이 좋다.

　제기는 동전이나 쇠붙이에 얇고 질긴 종이나 천을 접어서 싼 다음, 끝을 여러 갈래로 찢어 너풀거리게 만든다. 제기를 찰 때는 제기 머리가 발에 닿도록 해야지 너풀거리는 가지를 차게 되면 헛발질만 하게 된다.

　제기 머리와 같이 일에도 머리가 있다. 그 일머리를 알고 일을 하게 되면 나머지는 자연스럽게 따라 해결된다. 따라서 일을 하기 전에 일머리를 아는 것이 우선이다.

법을 대표하는 상징물인 정의의 여신상은 두 눈을 안대로 가리고 오른손에 천칭 저울을 들고 있다. 정의를 실현하기 위해서는 어느 쪽에도 기울지 않는 공평무사한 자세를 지킨다는 것을 의미한다.

특정 사안을 마주했을 때 정의의 여신이 필요하다. 먼저 특정 사안에 대해 다양한 관점을 찾는다. 그리고 그 관점을 가운데 두고 좌우에 상대적인 개념을 정리해 놓는다. 이때 자신의 판단은 잠시 눈을 감고 오로지 좌우의 상대적 개념이 무엇인지 기록하는 것에 집중하면 된다.

UC_092 여백의 미, 그리고 규정

　동양화에는 여백의 미가 있다. 그려지지 않았다고 아무것도 느끼지 못하는 것이 아니다. 바라보는 사람마다 여백을 통해서 각자 자신만의 아름다움을 느낄 수 있다.

　규정에도 여백이 있다. 세상의 모든 내용을 규정에 담을 수는 없다. 이때 여백을 해석하는 관점은 두 가지로 나뉜다. 규정에서 명시적으로 허용한 것만 가능하다는 포지티브 규제 관점과 규정에서 금지하는 것 이외에는 가능하다는 네거티브 규제 관점이다. 동양화의 난과 그 여백을 느껴보면서 규정과 그 규정의 여백을 함께 생각해보는 것도 좋겠다.

UC_093 벌목과 순환근무

조직에서 인적자원은 한 곳에 뿌리를 내리고 성장하는 나무를 닮았다. 그렇다고 인적자원이 한 곳에만 머물러 있을 수는 없다. 이 정착과 이동 사이에서 어떤 인사관리 능력을 발휘하는가에 따라 인적자원의 역량이 달라진다.

무분별한 인사이동은 자칫 벌목하는 것과 같이 될 수도 있다. 몇 년 동안 자라던 나무를 잘라내고 새로 씨앗을 심는 과정을 반복하면 조직에는 잡초만 무성하게 된다. 생태환경을 세심하게 살펴서 나무를 옮겨심듯이 인사이동도 그래야 한다. 조직은 그렇게 인적자원을 나무처럼 잘 가꾸어 울창한 인재의 숲을 이루도록 해야 한다.

UC_094 마음의 구슬

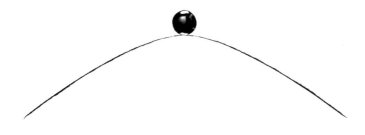

　마음은 기울어진 경사면에 올려진 구슬과 같다. 그대로 두면 어느 한쪽으로 한없이 굴러서 떨어지게 된다. 따라서 마음을 다시 되돌려 제자리에 올려놓는 노력이 필요하다.

　매일 아침 출근해서 차 한잔을 마실 때, 가장 먼저 해야 할 일은 멀리 굴러가 버린 마음의 구슬을 다시 언덕 위에 올려놓는 것이다. 그리고 마음의 구슬이 어느 한쪽으로 굴러떨어지지 않도록 항상 조심해야 하지만, 또 어느 한쪽으로 굴러떨어지면 다음 날 아침 차 한잔을 마시면서 다시 올려놓으면 된다.

현장 차량

소위 '현장 차'라고 불리는 지원팀이 있다. 통상 트럭 한 대와 운전자, 서너 명의 현장 직원이 한 팀이 된다. 현장 차는 모든 것을 옮겨주는 역할을 한다. 누군가 옮길 물건이 있어 요청하면 현장 차는 바로 달려온다. 이때 트럭의 짐칸은 항상 비어 있다. 만일 그 짐칸이 다른 물건으로 가득 차 있다면 누군가를 도울 수 없을 것이다.

현장 차는 행정 조직의 팀에게 두 가지 중요한 가르침을 준다. 하나는 일의 현장으로 즉각 달려간다는 것이고, 또 하나는 누군가를 위해 짐칸을 비워둔다는 것이다. 현장 차는 어쩌면 행정 조직에서 가장 모범적인 팀 조직일 수 있다.

제품을 사서 상자를 처음 개봉하면 각 부품이 각을 잡고 잘 정리되어 있다. 이후 다시 정리해서 그대로 넣어두려고 해도 처음처럼 완벽하게 되지 않는다. 일종의 엔트로피 법칙이 작용한다. 제품을 계속 사용하기 위해서는 원래의 상자보다는 넉넉한 가방에 넣어 보관해두는 것이 좋다.

행정 조직은 이론적으로는 회계와 규정, 그리고 전문화된 조직 단위별로 잘 구획화되어 있다. 마치 뜯지 않은 새 제품이 상자에 잘 정리되어 담겨 있는 것과 같다. 이 행정이라는 제품을 실전에 쓰려면 상자에서 꺼내서 목적에 맞는 체계로 조립되어야 한다. 이렇게 재조립된 행정은 기존의 제품 상자에 다시 넣을 수는 없다. 제품을 담을 넉넉한 가방이 필요하듯, 행정에 맞는 유연한 시스템이 필요하다.

UC_097 바운더리 스패너(boundary spanner)

바운더리 스패너는 고객과의 접점에 있는 회사 직원들 / 경계를 넓혀가는 사람 / 리더에게 고객들의 변화와 새로운 트렌트를 전하는 현장의 전사 / 너와 나의 경계, 자신이 알고 있던 지식의 한계, 지식과 생각의 경계를 지우는 사람을 말한다.

조직 구성원이 회계와 규정, 제도의 울타리 안에 갇히게 되면 바운더리 스패너의 존재를 잊게 된다.

UC_098 시소

　시소는 한쪽 편에 여러 사람이 앉게 되면 그 무게로 인해서 아래로 내려가고 홀로 앉아있는 상대편은 올라간다. 다수의 무리 속에 있게 되면 누구나 공감하는 평범함에서 벗어날 수 없다. 세상을 바꿀 수 있는 남다른 생각을 하고자 한다면, 다수가 몰려있는 곳이 아니라 시소의 상대편으로 가야 한다. 그곳은 고독한 공간이지만 높은 전망을 얻을 수 있다.

강을 건넜으면 타고 왔던 뗏목은 놔두고 떠나야 한다.

뗏목이 아까워 머리에 이고 길을 나설 수는 없다. 행정은 뗏목과 같다.

빛의 삼원색을 모두 같은 비율로 섞으면 흰색이 되고, 색의 삼원색을 모두 같은 비율로 모두 섞으면 검은색이 된다. 마찬가지로 행정이 모두를 횡단하고 융합해서 궁극의 경지에 이르게 되면 흰색이나 검은색, 또는 그사이의 회색이 된다. 행정은 그렇게 무채색이 되어 타자를 빛나게 하는 바탕이 된다. 나아가 그 타자는 또 다른 타자를 위해 자신이 무채색 바탕이 되어 줄 것이다.

/ 에필로그 ; 다음 세대를 위한 약속 /

2019년 12월 18일, 제11회 한국대학신문 대학직원대상 시상식에서 최우수대상인 교육부장관상을 받았다. 그해 이 상에 도전해 보고 싶었던 데에는 몇 가지 이유가 있었다. 그 첫 번째 이유는 '직원 경쟁력이 대학 경쟁력'이라는 신념을 가지고 이 시상식을 꾸준히 이어오고 있는 한국대학신문이 대학 직원을 진심으로 존중하고 있다는 마음이 느껴졌기 때문이다. 그래서 정성을 다해 대학 행정인으로서 활동했던 그동안의 내 모든 과정을 정리해서 상당한 분량의 자료를 신문사에 제출했다.

두 번째 이유는 대학 행정을 직업으로 하면서 나에게 의미 부여가 필요했던 시점이었다. 다행히 신문사에서 나에게 '그 정도면 잘했어'라는 격려의 의미로 최우수대상을 안겨주었다. 그리고 신문사는 정성껏 준비한 시상식 행사를 통해 나에게 평생 뜻깊고 영광스러운 기억으로 남도록 해주었다.

그 시상식 자리에는 둘째 딸 현수와 아내도 함께 있었다. 현수는 그때 수능시험을 마치고 한참 대학 입학전형 중이었다. 나는 최우수상 자격으로 수상소감을 말하기 위해 무대에 올랐다. 현수는 무대를 바라보고 청중 뒤에서 아빠의 수상소감을 스마트폰으로 녹화하고 있었다. 나는 현수를 비롯해 모든 수험생을 위로해주고 싶었다. 그래서 청중 뒤에 서 있는 현수를 가리키면서 모든 수험생을 위해 현수에게 격려의 박수를 보내주길 부탁했다. 이것은 현수를 위한 박수이기도 하지만, 현장에 있는 우리 대학 관계자들이 누구를 위한 대학이어야 하는지 함께 생각해보자는 의미도 담겨 있었다. 그리고 대학의 변화 필요성에 대해, 행정의 역할에 대해, 그동안 내가 실천해온 일들에 관해 이야기했다. 대학은 혁신을 외치지만 우리는 자녀 앞에서 대학이 누구를 위해 무엇을 해야 하는지, 그리고 구체적으로 어떤 희망을 주고 있는지 성찰해야 한다.

대학 입학을 앞두고 현수와 나는 가끔 둘레길을 걸었다. 어느 대학 무슨 학과를 선택해야 하는지에 대해 아빠와 딸이 나누는 고민은 몇십 년 전이나 지금이나 똑같다. 대학 진학 이외에는 달리 선택지가 없고, 대학을 진학해서 어떻게 미래를 준비해야 할지 도무지 알 수 없다. 대학 밖의 세상은 너무나 빨리 변화하는데 대학은 세상의 변화와 관계없이 한결같아서 나의 세대보다도 미래 예측이 더 어렵다. 대학과 행정이 혁신하지 않으면 우리가 아이들의 미래를 설명해줄 수 없다. 지금부터 또다시 한 세대가 흘러 현수가 다음 세대 아이와 둘레길을 걸어가면서 지금과 똑같은 고민과 대화를 반복하지 않았으면 좋겠다.

[Index] 한국대학신문(news.unn.net) 게재 일자

순	글 제목	게재 일자
27	통닭 두 마리 값	2019.04.22.
28	피라미드 조직의 변신	2020.06.29.
29	감사(監査)와 시간여행자	2020.10.19.
30	악마는 하위 규정에 있다	2021.04.19.
31	정부의 종이영수증 폐지에 박수를	2018.06.04.
32	교육실명 성적증명서	2018.10.08.
33	교육 개방과 공유대학	2018.10.29.
34	학생이 선택하는 학번	2018.12.17.
35	지금까지 이런 팀은 없었다	2019.03.04.
36	자연을 닮은 정책	2020.01.20.
37	코로나19 바이러스와 대학의 혁신	2020.03.16.
38	갯벌은 살아있다	2020.04.20.
39	BK21사업과 대학재정 지원사업	2021.12.27
40	대학의 미래	2021.08.30.

유신열

대학행정가_조직의 연결 가치를 창출하는 코디네이터.
고려대학교 평생교육원에 무료공개강좌로 'UC의 살아있는 대학행정' 과정을 매학기 개설하여 대학행정 현장의 경험을 공유하고 있다. UC는 'University Coordinator'의 약자로 대학의 역량을 연결하여 새로운 가치를 창출하는 대학행정 전문가를 지향하고자 하는 저자의 뜻이 담겨 있다.

blog.naver.com/ssyuad   @university_coordinator

· (現) 고려대학교 연구처 부장
· 저서 『대학행정인의 생각』(2017년)
· 저서 『캠퍼스 편지』(2010년)
· 「대학과 행정」 발행
· 한국대학신문 대학직원대상 최우수대상(교육부장관상) 수상(2019년)
· 한국대학신문 '대학通' 필진

사람과 행정

초판인쇄   2022년 6월 10일
초판발행   2022년 6월 10일

지은이   유신열
펴낸이   채종준
펴낸곳   한국학술정보㈜
주 소   경기도 파주시 회동길 230(문발동)
전 화   031) 908-3181(대표)
팩 스   031) 908-3189
홈페이지   http://ebook.kstudy.com
E-mail   출판사업부 publish@kstudy.com
등 록   제일산-115호(2000. 6. 19)

ISBN   979-11-6801-491-6   13350